4050 이렇게 시작됐다

임종성·박정균 지음

4050 이렇게 시작됐다

임종성·박정균 지음

모아북스
MOABOOKS

차 례

1장 소통을 담다

5장 결정을 담다

6장 계획을 담다

7장 활동을 담다

8장 정책을 담다

4050세대 의미

산업화시대, 민주화운동, 이산가족찾기, IMF외환위기, 촛불혁명, 검찰개혁, 교육문제, 부동산문제, 해고와 실업, 이어지는 재취업, 자녀 취업 걱정과 함께 가족 부양의 전적인 책임을 지고 있다. 격변의 시대, 방황과 고민을 거듭하는 과정에서 이들은 사회 구조의 취약성도 경험했지만 이제는 아픔을 딛고 경제적, 정치적 영역에서 중추적 허리 역할을 맡고 있다. 4050세대는 변화와 혁신을 매개로 진보의 가치를 추구하는 구심점이다.

개인보다 조직을 우선시하는 4050세대는 대한민국의 미래 발전을 위해서 국민통합과 국민소통과 갈등 치유가 중요하다는 것을 누구보다 잘 알고 있다. 공정이란 가치에서도 관심을 갖고 있는 세대다.

100년 정당의 디딤돌이 바로 4050특위

분단의 역사를 치유하고 남북평화공존체계를 구축하는 것이 대한민국 미래를 위한 것이다. 21대 총선의 압승을 발판으로 민심을 받들어 2022년 정권을 재창출함으로써 새로운 100년을 열어 나갈 기틀을 만들 수 있다. 4050세대는 국민의 행복한 삶을 이루기 위해서 정의와 공정의 가치를 구축해야 한다.

4050특위가 2030세대와 공정의 가치로, 60대 이상 세대와 존경의 가치로 소통하면 더불어민주당은 100년 정당을 이룰 수 있다. 겸손한 자세로 4050특위가 더불어민주당의 100년 정당을 만드는 데 핵심적 역할을 하여 민주당의 100년 정당을 위해 신발 끈을 조이고 디딤돌 역할을 하겠다.

선택은 전국4050(중장년)위원회 신설

중장년층(4050세대)을 대변하고 청년위원회와 노인위원회를 잇는 전국위원회가 없다. 대한민국의 4050세대를 대변하고 대표하는 것만이 아니라 더불어민주당의 중추적인 역할자로서, 청년층과 노년층을 있는 가교 역할과 함께 4050세대들의 현안을 발굴하고 그들의 대표성을 가지고 전국적인 인적네트워크를 구축하고 활성화를 위한 관련된 업무를 수행하기 위해서는 전국4050위원회(중장년위원회)가 필요하다.

> ※ **전국위원회 현황**
>
> **당헌 (제32조, 전국위원회) ①성, 세대, 계층 등 사회적 계층 및 부문 활동의 활성화와 관련된 업무 수행을 위하여 최고위원회 아래에 다음 각 호의 전국위원회를 설치 구성한다.**
> ▶ 9개 전국위원회: 전국여성위원회 · 전국노인위원회 · 전국청년위원회 · 전국대학생위원회 · 전국장애인위원회 · 전국노동위원회 · 전국농어민위원회 · 을지키는민생실천위원회, 사회적경제위원회

| 조직도 |

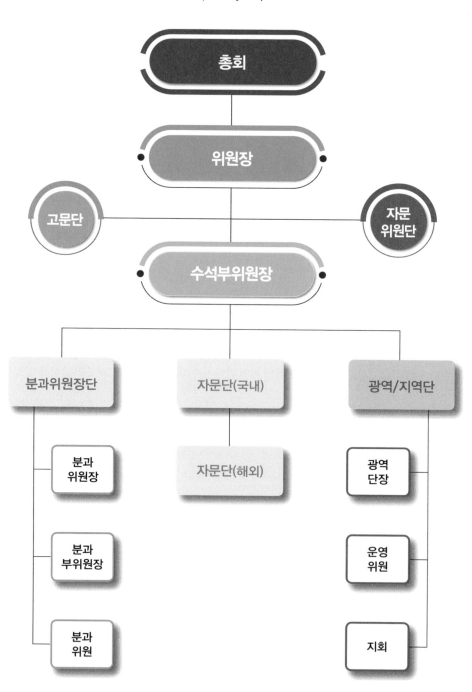

01

소통을 담다

1. 4050특별위원회 휘장, 심볼 소개

· 더불어민주당 휘장 ·

· 4050특위 심볼 ·

· 4050특위 심볼 소개 ·

'4050 심볼'
젊음, 역동성, 공정성, 안정성, 확장성,
미래지향성 상징

'4050 숫자'
4050세대 상징

'4050'
4050세대 정권재창출 디딤돌 상징

'깃발'
4050세대 대변자

2. 4050특별위원회 백서 발간사

희망을 담은 햇살이 여명을 뚫고 장대하게 빛을 비추어 세상을 밝힌다. 그 세상을 하나로 담을 곳이 더불어민주당4050특별위원회(이하 4050특위)다. 4050특위는 공정의 가치로 사회적, 정치적 역량을 모아 한국 사회의 새로운 혁신적 변화를 추진할 것이다. 4050특위는 청년층과 노인층을 잇는 가교 역할도 할 것이다. 4050세대의 민생을 전달할 것이다. 해외 국민의 인권보호와 투표권 참여를 확장시킬 것이다. 21대 총선 압승을 발판으로 정권 재창출을 위한 디딤돌 역할을 할 것이다.

우리는 광화문 촛불운동을 통해 '내가 참여하면 불공정도 공정으로 바꿀 수 있다'는 것을 경험했다. '내가 참여하면 나라도 바꿀 수 있다'는 의식도 생겼다. 참여 정치의 중요성도 깨달았다. 이제 정치도 국민적 변화의 요구를 외면할 수 없다.

4050세대는 소통과 공정의 가치로 한국 사회의 민심을 주도하는 주류 세대로 성장했다. 지금까지 한국 사회의 주류로 활동한 기득권 보수 세력은 변화를 거부하고 황망하게 퇴장했다. 국민의 참여 정치로 지난 세 번의 선거(2017년 대통령선거, 2018년 지방선거, 2020년 국회의원 선거) 승리는 참여 정치의 승리이자 민주주의의 승리다.

참여정치는 공정의 가치를 토론하고 옳고 그름을 판단하는 것이다. 일방적인 지시가 아닌 10대에게는 같은 눈높이로, 2030세대에게는 낮은 자세로, 4050세대와는 격의 없는 진솔함으로, 6070세대에게는 경청하는 자세로 광장에 모여 공정의 가치와 삶의 고단함에 대해 소통하는 것이다. 이런 소통 광장의 의제를 주도할 수 있는 리더는 바로 사회 전반에서 중추적 역할을 하고 있는 4050세대다.

주류 세대로 성장한 4050세대의 사회적, 경제적, 정치적 책임과 역할이 커지고 있다. 변화를 요구하는 국민의 생각을 담아서 청년층과 노년층을 잇는 가교 역할로 촛불의 명령을 완성시켜야 한다. 이는 4050특위가 가고자 하는 길이다. 4050세대가 하나로 힘을 모아 촛불민심을 대변한다면 대한민국의 미래는 더욱 찬란하게 빛날 것이다.

끝으로,

2018. 12. 10. 최고위원회의에서 4050특위 설립 승인이 결정되었다. 이에 준비과정을 거쳐 2019. 2. 21. 4050특위 출범식을 계기로 전국조직과 해외조직 구성을 병행하였다. 그동안의 여정을 담아서 종합 보고서 형식의 백서를 발간하기에 이르렀다. 부끄러울 정도의 허술한 백서이지만 당 상설기구로 가기 위해서 우리는 부단히 노력하였다. 4050특위에서 활동할 수 있도록 기회를 준 임종성 위원장님께 감사의 인사를 드린다. 고단함을 알면서도 묵묵히 믿음 하나로 협조해 주신 4050특위 여러분들께도 감사의 인사를 전한다.

"더불어민주당과 4050특별위원회가 있어서 행복하고 즐거웠습니다. 감사합니다."

2020년 6월 23일
더불어민주당4050특별위원회 수석부위원장 **박정균**

3. 인사말

임종성
4050특별위원회 위원장

안녕하십니까, 더불어민주당 4050특별위원회 위원장을 맡고 있는 국회의원 임종성입니다. 4050특별위원회의 땀과 열정을 담은 백서가 발간된 것을 매우 기쁘게 생각합니다. 아울러 그동안 더불어민주당의 발전을 위해 함께 노력하고 마음을 모아주신 4050특별위원회 위원 여러분의 헌신에 깊은 감사의 인사를 드립니다.

4050특위는 2019년 2월, 대한민국의 허리인 4050세대들이 모여 청년층과 노년층을 잇는 가교로 활동하며 세대 간 공백을 줄이고, 이들이 가진 경험과 열정으로 이들을 대변할 수 있는 정책을 발굴, 더불어민주당이 100년 정당으로 가는 데 든든한 버팀목이 되겠다는 목표를 가지고 출범했습니다.

이런 목표를 실현하기 위해 특위 위원 각자의 전문성, 관심도에 따라 세부 정책분과를 편성했고, 수차례 간담회와 토론회 등을 개최하며 의미있는 정책을 발굴했습니다. 동시에 각자가 가진 경험과 열정으로 청년들의 정당 활동 등을 이끌고 지원하며, 민주당과 대한민국의 미래를 준비했습니다.

그리고 4050특위의 이런 노력은 지난 2020년 21대 총선 과정에서 더욱 빛났습니다.

코로나19라는 초유의 사태 앞에서도 세대 간의 벽을 허문 4050특위의 단합된 조직력은 많은 공감과 지지를 이끌어 냈습니다. 더 나은 민주당을 만들고자 한 4050특위의 열정과 바람이 신구의 조화 속에서 새로운 문화와 가치를 창출한 것입니다.

이처럼 4050특위의 뜨거운 열정, 경험에서 우러난 전문성은 문재인 정부의 성공을 뒷받침하고, 더 나은 민주당, 새로운 대한민국으로 나아가는 데 꼭 필요한 성장 동력입니다.

그런 의미에서 4050특위의 많은 활동을 일목요연하게 정리한 이 백서가 앞으로 민주당의 새로운 도약에 훌륭한 디딤돌이 될 것이라고 생각합니다. 더 나아가 분열과 갈등을 넘어, 공존과 상생이라는 새로운 시대를 열어가는 데 크게 기여할 수 있길 희망합니다.

백서 곳곳에는 민주당과 대한민국의 발전을 바라는 4050특위 위원들의 땀과 열정, 웃음과 희망이 생생하게 담겨 있습니다. 기획부터 발간까지 4050특위 위원들이 고생해서 준비한 이 백서가 소중한 순간, 소중한 기록으로 널리 활용되길 바랍니다.

감사합니다.

2020년 6월 23일
4050특별위원회 위원장 **임종성**

4. 축사

이해찬
당대표

반갑습니다.

당대표 이해찬입니다.

더불어민주당 4050특별위원회의 열정과 땀을 기록한 백서가 발간된 것을 진심으로 축하드립니다. 4050특별위원회 임종성 위원장님을 비롯하여 기획에서 발간까지 백서 제작 과정에 참여하신 모든 위원 여러분의 노고에 진심으로 깊은 감사의 말씀을 전합니다.

4050세대는 우리 사회의 중추세대입니다. 민주, 평화, 인권에 대한 강한 신념을 바탕으로 대한민국의 민주화를 이끌어냈으며, 시대의 역동성을 토대로 새로운 문화와 가치를 창출했던 개혁진보 세대입니다. 최근에는 청년과 노년을 잇는 세대 통합의 가교로 그 역할이 더욱 커져가고 있습니다. 4050세대가 만든 개혁과 통합의 정신은 대한민국 발전의 든든한 기반이 됐고, 시대 변화를 이끌 핵심동력이 되었습니다.

요즘 코로나19가 전 세계를 휩쓸고 있습니다. 더불어민주당은 격랑 속에서도 흔들림없이 지역과 세대를 아우르는 전국정당으로서 국정을 안정적으로 뒷받침 해나가야 합니다. 국민이 안심할 수 있도록 코로나 국난과 경제위기 극복에 앞장서야 합니다. 4050특위가 그 선봉에 서주시기를 바랍니다. 국민이 일상을 회복하고, 대한민국이 포스트 코로나 시대의 주역으로 우뚝 설 수 있도록 더욱 노력해주시길 바랍니다.

『더불어민주당 4050특별위원회 활동백서』는 4050특위가 더불어민주당의 발전을 위해 노력했던 성과의 기록이자, 새로운 대한민국을 향한 굳건한 다짐입니다. 이번 백서가 시대 전환의 징검다리가 되고, 세대교체의 주춧돌이 되기를 바랍니다. 국민 앞에 더 겸허하고 당원과는 늘 함께 하는 특위가 되길 바랍니다.

감사합니다.

2020년 6월 23일
더불어민주당 대표 **이해찬**

축사

김진표
4050특위 고문

안녕하십니까?

더불어민주당 김진표 의원입니다.

『너불어민수당4050특별위원회 활동 백서』 발간을 진심으로 축하드립니다.

2018년 12월 초순 최고위에 통과한 4050특별위원회는 민주당의 40~50대 당원들을 대표하는 특위로, 청년층과 노년층을 잇는 가교 역할을 하며 그동안 지역의 청년지도자들을 발굴·육성하기 위해 많은 노력을 기울여 온 것으로 알고 있습니다.

이번에 나온 활동 백서에는 4050특위가 지난 1년간 조직을 전국적으로 확장하고 지역별로 인재를 발굴했던 과정이 고스란히 담겨 있습니다.

창립 워크숍, 해외 연수, 각 지역 지역단, 정책자문단, 창업지원단, 전국조직단, 직능지원단, 해외청년자문단, 홍보기획자문단 등을 잇달아 출범하고 각종 정책토론회와 세미나를 통해 당원들의 의견을 모으는 모습에 늘 든든하고 감사한 마음이 들었습니다. 4050특위의 이 같은 적극적인 활동은 지난 21대 총선에서 우리 당이 좋은 성과를 거둘 수 있었던 밑바탕이 됐다고 생각합니다.

4050 세대는 우리 사회의 중추를 이루는 중장년층입니다. 1997년 외환위기를 전후로 사회생활을 시작한 이들은 2008년 글로벌 금융위기를 겪어야 했고, 최근에는 코로나19로 인한 경제적 충격을 최일선에서 버텨내고 있습니다. 자녀와 부모를 동시에 부양하는 세대인 만큼, 경제적 타격 역시 가장 클 수 있다는 점에서 이들의 목소리에 귀 기울여야 합니다.

'밀레니얼 세대'라 불리는 청년층과 60대 이상 노년층 사이에서 허리 역할을 하는 4050 세대가 튼튼해야 우리 사회도 안정됩니다. 이들의 고민과 요구를 정책으로 잘 담아낼 때 우리 당 역시 든든한 기반을 다질 수 있습니다.

지금까지 그래 왔듯 앞으로도 4050 특위가 본연의 역할을 잘 수행해 당에 많은 도움을 주시기를 진심으로 기원합니다.
다시 한 번 백서 발간을 축하드리며, 위원회를 이끌어 오신 임종성 의원님과 모든 관계자분들께 감사의 말씀을 드립니다. 감사합니다.

2020년 6월 23일
4050특위 고문 **김진표**

축사

김태년
원내대표

반갑습니다.
더불어민주당 원내대표 김태년입니다.

더불어민주당 4050특별위원회의 백서 발간을 진심으로 축하드립니다. 아울러 4050특별위원회가 청년층과 노년층을 잇는 가교 역할을 수행함으로써, 당의 외연을 확장하는 데 기여하신 임종성 위원장님을 비롯한 위원님들께 깊은 감사의 말씀을 드립니다.

4050특별위원회는 출범 이후 각종 워크숍과 토론회를 개최하면서 현장의 생생한 목소리를 담아 실효성 있는 정책을 발굴하는 데 힘써왔습니다. 또한 단순히 특정 세대만을 대표하는 것이 아니라, 더불어민주당의 중추로서 광역별 청년 정치인을 발굴하고 육성하는 선봉 역할을 해주셨습니다. 그 결과 이번 총선에서 더불어민주당은 압도적 승리를 거둘 수 있었습니다.

우리가 가야 할 길은 분명합니다. 우리 사회의 산업, 경제구조는 점점 더 복잡하고 빠르게 변화하고 있습니다. 앞으로 세대 간의 갈등은 점점 더 심화될 뿐만 아니라 그 갈등의 종류도 더욱 다양해질 것입니다.

이럴 때일수록 국회의 역할이 중요합니다. 제도의 개선은 시대를 반영해 이루어져야 하고, 나아가서는 시대 변화를 예측해 제도를 만들 수도 있어야 합니다. 충분한 숙의 과정은 거치되, 빠르게 결정할 수 있는 시스템을 구축해 일하는, 일 잘하는 국회를 만들겠습니다. 우리 사회의 '허리'가 제 역할을 할 수 있도록 챙기겠습니다.

4050특별위원회의 활동백서가 더 나은 민주당, 새로운 대한민국을 향한 메시지로 널리 퍼질 수 있기를 바랍니다.

다시 한 번, 백서 발간을 축하드리며, 앞으로도 당내외를 막론하고 소통과 화합의 역할을 해주실 것을 기대합니다.

감사합니다.

2020년 6월 23일

더불어민주당 원내대표 **김태년**

축사

조정식
정책위원장

여러분, 안녕하십니까? 반갑습니다. 더불어민주당 정책위의장 조정식입니다.
『더불어민주당4050특별위원회 활동백서』 발간을 진심으로 축하합니다.

『더불어민주당4050특별위원회 활동백서』 발간을 위해 노력해주신 임종성 위원장님을 비롯한 관계자 여러분의 노고에 깊은 감사의 말씀을 드립니다.

정치의 지향점은 사회의 모든 계층과 세대를 아우르는 '통합'과 '상생'의 가치를 실현하는 데 있습니다. 그간 우리 당에는 청년·노인 계층을 대변하는 대학생위원회·청년위원회·노인위원회 등과는 달리, 40~50대를 대변할 위원회 조직이 없었기에 작년 2월 '4050특별위원회'를 출범시켰습니다.

4050특별위원회는 해외 연수, 각 지역 지역단, 정책자문단, 전국조직단, 창업지원단, 직능지원단, 해외청년자문단, 홍보기획자문단 등을 조직하여 중년 세대의 다양한 목소리를 경청하기 위해 노력했고, 토론회도 개최하여 우리 사회의 이슈에 4050세대의 의견을 적극 반영했습니다. 4050특별위원회가 우리 당의 중추조직으로 도약하여 조기 은퇴나 가정 해체 등 중년세대의 사회문제를 해결하는 데도 힘써주기 바랍니다.

이른바 '4050세대'가 얼마나 투표에 참여해주느냐에 따라 선거의 승패가 달려있다는 말이 있습니다. 우리당 4050특별위원회의 헌신과 노고가 있었기에 이번 4·15 총선에서 더불어민주당이 압도적으로 승리할 수 있었습니다. 청년층과 노년층을 잇는 가교 역할을 넘어, 우리당이 민주정부를 재창출하는데도 4050특별위원회가 앞장서줄 것을 당부드립니다.

이번에 발간한 『더불어민주당 4050특별위원회 활동백서』는 그간 4050특별위원회 성과를 정리하는 의미를 넘어, 향후 활동의 지평을 넓히는 데 귀중한 자료로 활용되기를 바랍니다.

『더불어민주당 4050특별위원회 활동백서』 발간을 다시 한 번 축하드리며, 코로나19 국난으로 지쳐 있는 모든 분의 가정에 평안이 가득하기를 진심으로 소망합니다.
감사합니다.

2020년 6월 23일
더불어민주당 정책위의장 **조정식**

축사

윤호중
사무총장

안녕하십니까? 더불어민주당 사무총장 윤호중입니다.

더불어민주당 4050특별위원회 활동을 정리한 활동 백서 발간을 축하드립니다. 그동안 중장년 층을 위한 정책개발과 조직활동까지 많은 성과를 만들어주신 4050특별위원회 임종성 위원장님 과 박정균 수석부위원장님을 비롯한 특위 위원 여러분께 감사드립니다.

더불어민주당 4050특별위원회는 2019년부터 활동을 시작하여, 정책자문단, 직능지원단, 창업 지원단, 전국조직단, 해외청년자문단, 홍보기획자문단 등을 구성하여 4050세대에 꼭 필요한 정 책 현안을 발굴하고 함께 해결 방안을 모색해왔습니다. 또한, 광역별 순회간담회와 분과활동을 통해 4050세대의 전국적인 네크워크까지 만들어 냈습니다.

특히, 지난 총선에서도 조직적으로 우리 당 후보들을 지원하며 총선승리를 위해 기여를 해주신 것으로 알고 있습니다. 4050특별위원회의 활동이 더불어민주당의 중장년 정책과 조직활동에 큰 밑거름이 되어주셨다고 믿습니다.

모두 잘 아시다시피, 4050세대는 대한민국의 허리세대입니다. 대한민국 경제와 사회문화를 이끌어 가는 세대이면서, 청년층과 노년층을 잇는 가교 역할도 하고 있습니다. 개인으로는 은퇴 후 삶에 대한 고민과 노후에 대한 걱정도 함께 하게 되는 어려움을 겪고 있습니다. 경제침체로 인한 자영업의 위기도 중장년층의 어깨를 무겁게 하고 있습니다.

더불어민주당은 앞으로도 4050세대와 함께 하겠습니다. 중장년의 일자리와 건강한 삶을 위해 준비한 공약들을 차질없이 이행해나가겠습니다. 4050세대가 함께 연대하고 협동할 수 있도록 4050세대를 위한 네트워크를 계속 만들고 지원해나가겠습니다.

활동백서의 제목이 '4050 이렇게 시작됐다'입니다. 오늘 활동백서 발간이 더불어민주당 4050 특별위원회의 마무리가 아니라 재도약을 위한 출발이 될 것이라 생각합니다. 앞으로 더불어민주당 4050특별위원회의 활동에 최선을 다해 지원하도록 하겠습니다.
감사합니다.

2020년 6월 23일
더불어민주당 사무총장 **윤호중**

5. 질의 응답

김진수 부위원장

Q. 진보와 보수의 차이점이 무엇인가?

A. 진보와 보수는 상대적 이념이다. 진보와 보수는 이념적 편 가르기에 자주 사용되지만 이들의 지향점은 다르다. 보수는 성장주의 가치에 방점을 두고 자유주의를 표방하지만 진보는 소득 분배 가치에 방점을 두고 평등주의를 표방한다.

한국의 진보는 재야단체와 학생들이 군사정권과 싸우면서 민주주의를 얻었다. 특히 4월혁명, 부마민주항쟁, 광부민주화운동, 6월항쟁, 촛불시민혁명 등은 진보 이념을 확장시키는 계기가 되었다. 진보는 소득 분배를 주장하면서 대기업의 고통 분담을 요구한다. 이들 진보는 변화를 주도하여 민심을 얻고 있다.

한국의 보수는 반공이라는 주홍글씨로 반대세력에게 올가미를 씌우면서 자신들의 기득권 수호에 앞장선다. 유신헌법 등으로 이어지는 군부독재정권 연장과 518광주시민학살에 대한 반성도 없이 재벌 기득권 보호에 앞장서는 보수는 성장 우선을 주장하면서 근로자의 고통 분담을 요구한다. 이들 보수는 변화를 반대하여 민심을 잃고 있다.

Q. 기본소득보장제도 어떻게 생각하는가?

A. 기본소득보장제도의 취지는 매우 공감하고 궁극적으로는 시행되어야 한다. 가장 우려되는 사항은 재원 조달 문제이다. 전체 인구의 15%가 65세 이상이다. 고령화 문제의 핵심은 가처분 소득이 없다는 것이다. 결국 소득 상실은 구매력 하락으로 이어져 경제의 선순환 연결고리도 끊어지고 경제 침체가 장기화되면서 계층 간 소득격차가 더욱 심화한다. 선별적 노인복지 정책으로 거론되는 기본소득보장제를 고령화 노인의 빈곤 문제 해결과 내수경제 활성화를 위한 윈-윈 정책으로 전환해야 한다. 지역경제 활성화로 이어질 수 있도록 지역화폐로 지급함을 원칙으로 삼아야 한다. 도덕적 해이 문제는 지역에서 일정시간 봉사활동을 할 수 있도록 프로그램을 만들면 된다.

김주형 부위원장

Q. 공정이란 무엇인가?

A. 우리는 해방 이후 배고픔을 해결해 준 산업화를 거치면서 과정을 중요시하지 않고 오직 결과만을 중요시하였다. 이런 결과는 자연스럽게 '가진 자'와 정보를 독점하는 소수자만이 풍요를 누리고 온갖 혜택 속에서 부를 축적하면서 그들만의 리그를 구축할 수 있는 계기가 되었다. 이들은 목적을 달성하기 위해 과정을 사치품으로 여겼다. '사회가 공정합니까?' 라는 관점에 대하여, 미국 사람들은 38%만이 사회가 불공하다고 느낀 반면 대한민국 국민은 74%가 불공정하다고 한다. 우리는 산업화와 민주화를 짧은 시간에 성공하였기에 느낌의 차이가 크겠지만 불공정은 이념과 상관없이 광범위하게 퍼져 있다. 공정이란 특권과 반칙이 없는 세상을 말하는 것이다. 과정과 절차가 공정하지 않은 목적 달성은 국민적 동의를 구하기 어려운 시대가 되었다. 우리는 공정을 이제껏 한 번도 경험해 보지 못했다. 과정과 절차를 무시하는 불공정한 품앗이는 남의 기회를 가로채는 기회주의자다.

Q. 정규직과 비정규직 소득격차 해소 가능한가?

A. 빠른 시일 내에 성과를 내기는 어려우나 소득격차의 규모를 줄여야 한다. 비정규직 소득격차 문제의 핵심은 정규직에 비해 낮은 임금이다. 따라서 동일노동 동일임금, 최저임금 인상, 근로시간 규제 등 제도적 장치가 마련되어야 한다.

소득격차 해소를 위한 노력은 민간기업보다는 정부가 공공부문의 비정규직 문제부터 선도적으로 해결해야 한다. 정부는 비정규직을 정규직으로 전환하는 기업들에게 세제 지원과 정부사업 참여 기회 등 다양한 혜택을 제공함으로서 민간기업들이 자발적으로 임금격차 해소에 적극적으로 동참할 수 있도록 해야 한다. 기업 또한 고용 유연성의 확보 및 비정규직의 처우 개선을 위한 현실적인 노력이 필요하고, 비정규직의 정규직으로의 전환 및 적정 임금보장 등 직접적인 방안들을 실행해야 한다.

한동수 부위원장

Q. 2020년대 시대정신은 무엇인가?

A. 공정과 다양성이 새로운 시대정신이다. 정치는 시대의 흐름을 읽어야 하고 시대정신을 이끌어야 한다. 근래 우리가 경험한 평등과 민주화라는 시대정신과, 권위주의 해체를 요구하는 촛불혁명의 시대정신을 겸험한 이후 공정과 다양성을 찾는 시대정신으로 이동하고 있다.

우리는 세대교체가 아닌 시대교체를 해야 한다. 세대교체는 한 세대의 대립과 차별을 의미한 것으로 보일 수 있다. 국민 각자가 가지고 있는 다양성을 어떻게 풀어 나가느냐에 따라 새로움을 받아들이는 각도가 달라진다. 우리 주변에 흔한 다문화가족, 계층 간 소득불균형, 정규직과 비정규직 차별, 교육격차, 소득격차, 취업격차, 임금격차, 출산격차, 세대 간 차별, 일자리 빈곤 등을 공정의 가치로 해결해야 한다.

새로운 시대정신이란 타인에게 피해를 주지 않는 것이다. 이것이 공정이고 정의다. 우리는 코로나19 위기극복 과정에서 드러난 다양성이 가지는 공정의 시대정신을 주목해야 한다.

Q. 4050세대가 느끼는 현상은 무엇인가?

A. 4050세대는 사회적 리더로서 역할과 함께 가족의 부양을 책임지고 있다. 고령화로 젊은 나이에 속하지만 조기 퇴출 등 산업현장에서 밀려나고 있는 현실을 체감하고 있다. 경제침체가 장기화될수록 경제적 부담이 커져 실업으로 이어지고 한 가정과 한 가족의 웃음이 사라지고 가족의 붕괴가 올 수 있다.

4050세대가 느끼는 경제적 부담은 사교육비 문제, 소득불균형 문제, 비정규직 문제, 일자리 문제, 주택 문제, 보편적 동일임금 소득보장 문제, 고령화 문제, 저출산 문제, 조기 퇴직 문제, 제2의 취업 문제, 수도권과 비수도권의 격차 문제, 국민연금 문제, 미세먼지 문제, 먹고 살기 힘들다는 문제, 코로나19 등 신종 바이러스 문제, 병원비 문제, 간병인비 문제 등으로 요약할 수 있다.

4050세대가 바라는 것은 전 세대가 공감하는 사회적·경제적 고용안정망 구축이다. 사회적 소득안정망 구축이 늦어질수록 일자리는 사라지고 소비부진과 경제침체는 반복될 수밖에 없다.

하보이
해외청년자문단 부단장

안녕하십니까?

더불어민주당 4050특별위원회의 해외청년자문단 부단장 하보이 입니다.

이번 『4050특별위원회 활동 백서』 출판기념회를 맞이하여 해외 대표로서 축하의 글을 드립니다.

재외한인으로서 우리는 각자 다른 거주국에서 생활하면서도, 마음은 대한민국을 향해 있고, 늘 내 조국의 발전을 깊이 응원하고 있습니다. 대한민국의 국가 위상은 우리의 자긍심이 되고, 근간을 지켜주는 중요한 힘이 되기 때문 입니다. 그런 내 조국의 발전을 위해 우리의 보다 적극적인 참여와 기여가 필요합니다. 재외한인과 대한민국 정부를 잇는 소통의 인프라 형성과 적극적 참여의 장, 해외청년자문단이 그 중 하나입니다.

4050해외청년자문단은 현재 5대륙 27개국에서 왕성하게 활동하고 있는 전문인들로 구성되어 있으며, 모두 각 거주국의 주류사회 및 한인사회에서 중심적인 역할을 하고 있습니다. 자문단 위원들은 해외에서 경험한 다양한 문화와 정책을 모아 대한민국의 발전을 위해 기여할 수 있습니다. 4050특별위원회의는 대한민국의 미래지향적 발전을 위해 당에서도 세대를 이어 그 중추적인 역할을 담당하는 중요한 가교이자 구심점이 되어야 합니다.

700만 재외 한인시대, 해외 유권자 200만 시대를 맞아, 적극적인 권리행사와 국정참여 실천을 만드는 소통의 창, 또한 4050특별위원회 해외청년자문단의 주요한 역할 중 하나가 될 것입니다.

앞으로 재외한인과 대한민국 정부를 잇는 중요한 역할의 4050특별위원회가 될 수 있도록, 훌륭하신 해외청년자문단 위원 여러분들과 함께 적극적인 활동을 해 나가기를 희망합니다.

감사합니다.

2020년 6월 23일

해외청년자문단 부단장 **하보이**

02

우리를 담다

1. 더불어민주당 역사

민주당은 1955년 창당으로 역사의 길을 열어 2015년 3월 26일 더불어민주당으로 당명을 바꾼 후 현재에 이르고 있다. 더불어민주당(民主黨, Democratic Party of Korea)은 집권 여당이다. 2019년 12월 기준, 당원 4,065,408명, 권리당원 1,026,804명, 광역단체장 13명, 기초단체장 149명, 광역의원 646명, 기초의원 1,629명이다. 2020년 6월 기준 국회의원 300명 중 민주당 의원(비례포함)은 177명이다.

창당에서 정권 교체까지

1955년 민주당 창당의 주역은 해공 신익희 선생이다. 해공 신익희 선생은 이승만 정권과 사사오입 개헌에 대항하여 창당된 민주당의 역사로 공식 지정되어 현재 더불어민주당까지 이어지고 있다. 1987년 창당한 통일민주당은 전두환의 민주정의당 정권에 항의하는 야당으로서 활동했다. 통일민주당은 대한민국의 민주화에 큰 기여를 했으며, 6·29 선언을 통해 직선제 개헌을 이끌어냈다. 이후 분당을 거쳐 김대중 총재가 창당한 정당이 현재 더불어민주당의 실질적인 뿌리가 되는 평화민주당이다.

평화민주당은 1992년 꼬마민주당을 흡수한 뒤 민주당을 창당했다. 1995년 정계에 복귀한 김대중 총재가 새정치국민회의를 창당했다. 1997년 대선에서 김대중 대통령 후보는 자유민주연합과 연대하여 당선이 되었고, 사상 최초의 여야 정권교체를 이끌어냈다. 이로써 대한민국 정부 수립 50년만에 정권교체를 이루었다.

(출처 : 연세대학교 김대중 도서관)

정권 재창출과 열린우리당 창당

2002년 새천년민주당 국민 경선제에서 "노풍"으로 노무현 후보가 선출되었다. 노무현 대통령 당선으로 새천년민주당은 정권 재창출을 하였다.

이후 분당을 거쳐 열린우리당이 창당했다. 2004년 총선 직전 노무현 대통령의 열린우리당 지지발언을 둘러싸고 논란이 일었고 새천년민주당은 한나라당, 자민련과 함께 선거중립 위반을 이유로 노무현 대통령 탄핵을 시도했다. 이들이 추진한 탄핵 결과는 무위로 끝나고 국민들의 반감으로 총선에서 열린우리당이 152석을 차지하여 과반 의석을 차지했다.

(출처 : 사람사는세상 노무현 재단)

총선에서 과반을 획득한 열린우리당은 4대 개혁 입법을 추진했으나 계파 갈등과 야당의 반대 등으로 무산되었다. 이후 민심 이반이 일어났으며 2005년 재보궐선거에서 참패하여 과반이 붕괴되었다. 2007년 2월 열린우리당은 계파 분열과 탈당 사태로 소수 정당으로 전락하여 대통합민주신당과 합당하여 해체되었다. 대통합민주신당의 대선 후보로 선출된 정동영은 당시 이반된 민심의 결과로 대선에서 패배했다.

민주통합당 창당

2008년 민주당을 흡수해 통합민주당을 창당하여 총선에서 활약했으나 참패했다. 당시 MB정권은 광우병 우려가 있는 미국산 소고기 수입을 강행한 결과 국민들은 미국산 소고기 문제로 촛불시위를 주도하였으며 이로 인해 MB정권은 국정 동력을 상실했다. MB정권은 이를 타개하기 위해 노무현 전대통령의 자존감을 치유할 수 없도록 탄압하여 결국 노무현 전대통령은 서거하게 되었다. 노무현 대통령을 지켜주지 못한 죄책감에 국민들은 충격을 받았다.

이후 한나라당 정권의 지지율이 타격을 입었고 이후 치러진 보궐 선거에서 민주통합당은 승리를 거두었다. 이 역시 고(故) 노무현 대통령의 후광이라 할 수 있다. 2010년 지방선거에서 민주당은 한나라당을 누르고 압도적인 승리를 거두었다. 민주당은 2011년 말 민주통합당으로 창당했다. 2012년 18대 대통령 선거에서 민주통합당 후보로 문재인 후보가 출마했으나 석패했다.

더불어민주당 창당과 정권 창출

2015년 12월 28일 더불어민주당으로 당명을 변경했다. 로고의 색상은 파랑으로 결정하였다. 당시 당내 혼란의 핵심인 비주류가 탈당했다. 이후 당은 하나로 뭉쳐서 정권 창출에 힘을 모았다.

이런 과정 중에 최순실의 국정농단이 발생하여 촛불집회가 촛불혁명으로 진화하고 해외동포까지 합세하게 이르렀다. 결국 "박근혜 대통령 탄핵"이라는 헌법재판소의 결정이 나오게 되었다. 2017년 5월 9일 제19대 대통령 선거에서 촛불민심의 힘으로 더불어민주당 문재인 후보가 41.1%의 득표율로 당선되었다. 더불어민주당 창당 이후 첫 집권

이자 민주당은 세 번째 집권에 성공하였다.

(출처 : 연합뉴스 TV)

촛불혁명과 지방선거 압승

2018년 제7회 지방선거와 재보궐선거에서 압승을 거두었다. 문재인 대통령의 국민지지율은 2018년 남북정상회담 등의 외교적인 성과와 소통, 겸손, 안정감 등의 이미지를 바탕으로 70~80%에 달했다.

제21대 국회의원 선거 압승

21대 총선에서도 더불어민주당이 압승했다. 미래통합당은 참패했다. 촛불민심은 변화를 선택했다. 전국투표율 66.2%로 기록을 경신했다. 사전투표율도 최초로 26.7%를 기록했다. 21대 총선 승리의 원동력은 전세계도 감동과 찬사를 보낸 코로나19의 신속한 대응 처리가 영향을 미쳤다. 이런 일련의 일들이 문재인 대통령의 지지율 상승으로 이어졌고 총선 압승의 기반이 되었다.

국민은 변화의 바람을 원했다. 대한민국 모든 국민의 승리다.

2. 4050특별위원회 설립 목적

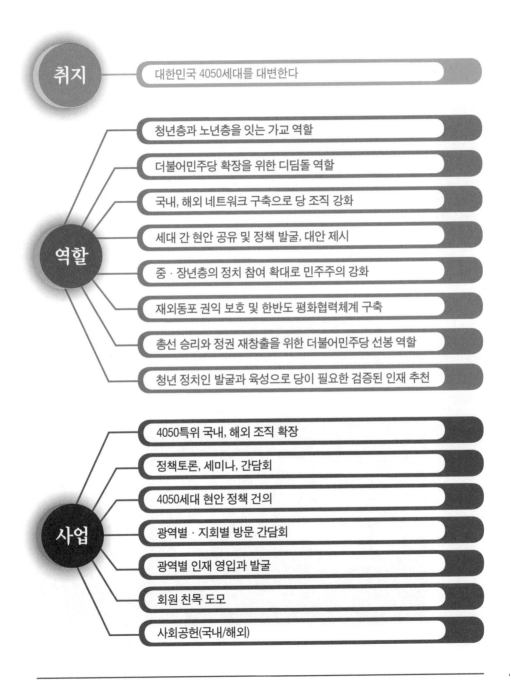

취지
대한민국 4050세대를 대변한다

역할
청년층과 노년층을 잇는 가교 역할
더불어민주당 확장을 위한 디딤돌 역할
국내, 해외 네트워크 구축으로 당 조직 강화
세대 간 현안 공유 및 정책 발굴, 대안 제시
중 · 장년층의 정치 참여 확대로 민주주의 강화
재외동포 권익 보호 및 한반도 평화협력체계 구축
총선 승리와 정권 재창출을 위한 더불어민주당 선봉 역할
청년 정치인 발굴과 육성으로 당이 필요한 검증된 인재 추천

사업
4050특위 국내, 해외 조직 확장
정책토론, 세미나, 간담회
4050세대 현안 정책 건의
광역별 · 지회별 방문 간담회
광역별 인재 영입과 발굴
회원 친목 도모
사회공헌(국내/해외)

3. 4050특별위원회 운영 방향

운영 방향

- 대한민국과 민주당의 중추적인 midfield(4050세대) 역할
- 국내·해외(在外) 조직 Network 확장
- 대한민국 미래세대인 2030세대 Care
- 부위원장, 지역단, 해외단, 자문단 중심 운영
- 한반도 항구적 평화체제 구축과 평화공존과 경제협력교류 지지
- 재외동포 권익보호와 정체성 함양을 위한 미래세대 교육
- 사회공헌 활동으로 따뜻한 공동체 전달
- 총선 승리 지원과 정권 재창출 초석
- 4050위원회를 통한 지지층 이탈 방지와 권리당원 정예화

4. 4050특별위원회 세부사항

세부
사항

- 중앙과 광역 컨퍼런스(conference) 개최
- 권리당원 신규 40만 명 확보
- 중앙당 부위원장단 450명
- 시도당 부위원장단 4,500명
- 각 지역위원회 부위원장단 45명
- 활동하는자 위주 임명장 발급
- 재외국민 투표 참여 50만 명 달성
- 40대를 중심으로 30대와 50대의 균형적 인재 영입
- 4050 내부 인재 육성으로 당이 필요한 인재 추천

03

애정을 담다

1. 세대별 삶의 무게

누구나 나이를 먹어 가면서 서로 각기 다른 고민을 갖는다.

성적과 교우관계 스트레스가 반항심으로 작용하는 10대, 취업 걱정 때문에 결혼과 출산을 고민하는 2030세대, 대출 빚 갚느라 인생을 보내고 직장과 가정에서 자신의 자리를 잃어버린 4050세대, 자식을 위해 헌신한 후 자신의 노후를 챙기지 못하고 쓸쓸하게 노년을 보내는 6070세대, 각기 세대별 삶의 무게가 '나의 현실'이면서 '나의 자화상'이다.

다르게 풀이해 보면, 10대는 대학진학 문제, 20대는 등록금 문제, 취업 문제, 결혼 문제, 3040세대는 자녀교육과 집값 문제, 출산 문제, 4050세대는 자녀들의 취업 문제와 명예퇴직, 재취업 문제, 60대 이상은 경제 문제와 건강 문제가 삶의 무게가 된다. 세대별 고민은 비슷하지만 처해 있는 현실이 다를 뿐이다.

이 시대, 우리들의 자화상은 고민과 걱정으로 점점 어둡게 물들어 가고 있다.

세대별 삶의 고민

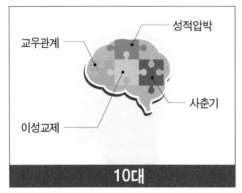

10대
- 교우관계
- 성적압박
- 이성교제
- 사춘기

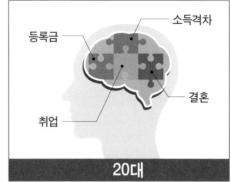

20대
- 등록금
- 소득격차
- 취업
- 결혼

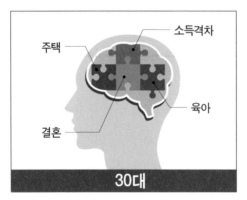

30대
- 주택
- 소득격차
- 결혼
- 육아

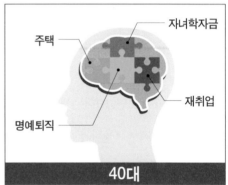

40대
- 주택
- 자녀학자금
- 명예퇴직
- 재취업

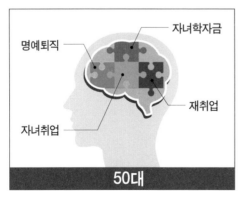

50대
- 명예퇴직
- 자녀학자금
- 자녀취업
- 재취업

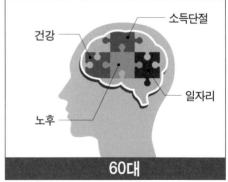

60대
- 건강
- 소득단절
- 노후
- 일자리

2. "어쩌다 어른", 4050세대

산업화시대와 민주화시대에 태어난 1960~1970년생은 경제, 문화, 사회적 발전으로 문화적 감수성과 학구열이 높아 각 영역에서 중추적 활약을 하고 있다. 이들은 한국사회의 중년세대로 정치적, 경제적, 사회적으로 중심이다.

개인보다 조직을 우선시하는 1960년생은 한국사회 주류로 자신들의 영역을 확대했다. 1970년생은 86그룹(60년대 출생, 80년대 입학)이 잘 이끌어 주었다는 생각보단 이들 사이에 낀 세대라 생각한다. 1970년생도 한국사회의 주류로 우뚝 섰지만 나름의 외로움과 괴로움이 있다. "어쩌다 어른"이 되어버린 4050세대도 사회적 주류로 성장했지만 젊음은 사라지고 꼰대라는 이미지로 변해간다.

(출처 : 5·18 민주화운동 기념재단)

꼰대는 세계적인 현상이다. 2019년 4월 4일, 뉴질랜드 의회에서 녹색당 클로에 스와브릭(25) 의원이 기후 변화를 외면해온 기성 정치인을 비판하는 연설 도중 나이 든 의원들이 야유를 보내자. "됐네요! 부머(OK, boomer)"라고 받아친 동영상이 폭발적인 조회수를 기록했다.

열여섯 살인 스웨덴 환경운동가 그레타 툰베리가 2019년 9월 뉴욕에서 열린 유엔총회에서 지구 온난화를 방치해온 기성세대 정치인을 향해 "어떻게 감히 그럴 수 있는가"라며 맹공을 퍼부은 것 역시 안티꼰대 현상이다.

꼰대는 자신의 경험("라때는 말이야")이나 생각, 행동방식을 일방적으로 강요하는 권위주의적 기성세대를 뜻한다. 꼰대는 외눈박이가 아니다. 자신의 위치에서 보는 눈의 각도가 다를 뿐이다.

후배들은 선배들이 그 자리에 오르기까지 노력과 능력을 꼰대라는 이름으로 평가 절하해서는 안 된다. 선배들은 시대의 흐름과 변화를 파악하고 젊은세대를 이해하려는 노력을 해야 한다. 우리는 나이가 들면 꼰대가 된다는 사실을 망각하고 있다.

2030세대는 "어쩌다 어른"이 된 4050세대를 꼰대("라때")라고 부른다. 4050세대도 후배들과 부단히 소통한 경험이 있으며, 6070세대를 맹목적으로 따르던 시절도 있었다. 청년은 언젠가 중·장년이 되고 그렇게 사회는 돌고 돌면서 성장한다. 2030세대는 "어쩌다 어른"이 된 4050세대를 가부장적 권위의 꼰대가 아닌 어머니 품 속 같은 따뜻함의 라때로 받아들여도 된다.

3. 40대 기수론(사람을 키우는 것)이 시대정신이다

국가의 미래와 공정의 가치를 추구하기 위해서 젊은 세대를 키우는 것이 세계적인 시대 정신이다. 대한민국의 시대정신이기도 하다. 변화를 따르지 못한 조선의 쇄국정치는 백 성들에게 고통을 주었고 삶의 고단함을 주었다. 변화는 새로움과 다양성을 만들어 낸다. 대한민국 정치는 상대방을 인정해 주는 다양성이 부족하다. 역동성과 창조성이 넘치는 40대가 시대정신에 맞게 새로운 변화를 선도해야 한다.

국민여론을 자신들의 입맛에 맞게 재생산하는 정치권도 세계적인 변화에 따라 미래비 전을 제시해야 한다. 21대 총선에서 지역구 163석과 비례대표 17석을 얻은 민주당도 과거의 교훈을 반면교사로 삼아 세계적인 흐름에 맞추어 40대 기수론을 선도해야 한다. 총선에서 드러난 국민의 변화 요구를 공유하고 실천하는 것이다. 국민은 '세대교체'가 아닌 '시대교체'를 바라고 있다.

선진국 국민은 국가와 자녀들의 미래를 위해 역동성을 겸비한 젊은 지도자를 키우는 데 주저하지 않는다. 프랑스, 영국, 스페인, 핀란드, 이탈리아, 뉴질랜드, 미국, 캐나다 등이다.

1977년생 에마뉘엘 마크롱 대통령 당시 39세   1971년생 쥐스탱 트뤼도 총리 당시 44세

40대 기수론은 세대교체가 아닌 시대교체라는 측면에서 국민들에게 신선한 충격을 줄 것이다. 요즘 회자되는 40대 기수론은 1971년 대통령 선거를 앞두고 40대인 김영삼 의원, 김대중 의원, 이철승 의원이 주도하였다.

당시 당내의 반대를 불구하고 김대중 후보가 1971년 대통령 선거 후보 지명자로 선출되면서 40대 기수론은 정치권과 국민들에게 희망을 주었다. 우리도 세계적인 변화에 맞게 40대 기수론에 대한 명확한 실천 의지를 담아서 국민을 위한 100년 집권을 만들어 볼 수 있다. 40대 기수론은 20대, 30대, 40대, 50대, 60대가 자신들의 기득권을 내려 놓고 하나의 시대정신으로 뭉치면 가능하다.

민주당도 100년 정당을 지향하기 위해서 40대(1970년생)의 다양한 소통능력을 믿고 리더로 키워야 한다. 40대는 대한민국 사회의 중추적인 핵심 그룹이다. 공정의 가치를 주장하는 2030세대와 소통하고 갈등을 조정할 수 있다. 대한민국의 미래는 다양성과 역

(출처 : 연세대학교 김대중 도서관)

동성에 얼마만큼 빠르게 적응하느냐에 달렸다. 우리가 40대 기수론으로 국민이 원하는

혁신과 변화를 주도하여 국가 경쟁력을 키울 수 있다.

4. "공정"이란 시대정신이 대한민국을 이끈다

2022년 대통령 선거도 공정의 척도가 중요한 이슈로 자리매김할 것이다.

2008년 미국산 소고기 파동 촛불집회와 2017년 광화문 촛불집회를 통해서 우리는 불공정을 심판했다. 한국 사회의 큰 핵으로 굳어진 공정과 정의라는 가치는 국가를 운영하는 하나의 브랜드가 되었다. 20대의 정치 무관심은 무엇을 말하고 있을까? 이들은 선거 때 요란한 청년층 영입을 바라지도 않는다. 이들의 작은 외침은 공정한 사회와 공정한 시스템을 만들어 달라는 것이다.

(출처 : 사람사는세상 노무현 재단)

가진 자들의 불공정 개입을 차단하고 공정한 사회적 구조를 만들어 주면 자신들의 실력으로 공정하게 경쟁하겠다는 것이다. 자신들의 기회를 기득권과 특권층이 쇼핑할 수 없게 해 달라는 마지막 외침이다. 또한 이들이 양성평등이라는 문화에 익숙하다는 것에 우리는 지대한 관심을 가져야 한다.

촛불은 우리 사회가 공정하게 나아갈 수 있는 에너지를 제공했다. 조국 사태가 20대를 분노케 한 것도 사실이다. 문재인 대통령의 브랜드인 '과정과 공정'이라는 가치가 20대에게 실망을 주었다는 것도 부인할 수 없다. 20대는 아베의 불공정에 국민운동을 주도하여 일본 상품 불매운동을 이끈 주역들이다. 이들은 용기과 열정으로 전 국민을 하나로 만들었던 자랑스러운 세대다.

한편으론 서초동 촛불집회에 나와 검찰개혁을 외친 20대도 공정한 사회를 원한다. 우리가 생각하는 공정의 가치는 각자 다르다. 이것이 다양성이다. 남의 생각도 배려할 줄 아는 다양성이 정착되어야 한다. 청년들이 주장하는 공정은 진보 정권의 도덕성 문제와 결부되므로 반칙과 특권 없는 사회를 만들어서 20대의 무관심을 관심으로 돌려놓아야 한다.

우리는 지난 잃어버린 10년(이명박, 박근혜) 동안 당시 2030세대(현 3040세대)들의 무관심 속에 정권을 찾아오지 못한 경험도 있다. 이런 무관심도 광화문 촛불집회라는 어젠다로 전 세대가 '공정'이란 단어 하나로 모였다는 것도 우리는 부인할 수 없다. 촛불이 문재인 정부를 만들었다.

지금 20대는 저성장의 그늘에서 치열하게 경쟁하고 있다. 부모의 능력, 금수저, 낙하산 등 다른 불공정한 요소들로 인해 자신의 기회가 박탈되는 것에 민감하게 반응할 수밖에 없다. 모든 경쟁은 공정해야 한다는 것을 모르는 사람은 없을 것이다. 20대는 다른 연령층에 비해 새로운 현상을 잘 받아들이면서 기성세대에 비해 훨씬 더 용감하고 직설적이다. '할 말은 하고 산다'는 20대처럼 3040세대도 직설적으로 표현을 한다면 과연 이 사회는 어디로 갈지 궁금하다.

각자 생각하는 공정의 척도가 다르지만 이를 조정하는 역할도 중요하다. 소통가치를 추구하는 일은 4050세대의 몫이다. 더 나아가 민심을 챙겨야 하는 21대 국회의 몫이다.

04

관심을 담다

1. 4050세대, 민생 현안

1) 사교육 문제

이제는 "개천에서 용난다"는 작은 희망도 가질 수 없도록 교육현장이 변했다. 학력을 기반으로 한 소득격차가 심하기 때문에 모든 학생이 대학 진학에 내몰리고 있다. 이를 해결하기 위한 방법이 학력 차별에서 오는 소득격차 해소다.

부모는 자식이 학력으로 인해 임금 차별을 받지 않길 바란다. 이를 위해 연간 30조원 이상을 지출하면서 대학에 진학시키고 있다. 이들은 정규직은 고사하고 비정규직과 알바를 전전하다 보니 공무원 고시를 준비하기 위해서 노량진에서 청춘을 보내고 제2의 사교육비를 지출하고 있다.

유럽 등 선진국은 학력 간에 소득격차가 크지 않지 않아 대학 진학률이 30%선이다. 우리는 80%지만 소득격차가 크다. 대학 진학률이 국가의 경쟁력을 좌우하지 않는다. 대한민국의 저출산 문제도 교육시스템의 문제다. 대학 졸업 후에도 학자금으로 빌린 대출 빚을 갚기 위해 결혼도 못하고 있다. 대한민국 개혁의 시작은 전면적인 교육시스템 개편이다.

2) 소득불균형 문제

이제는 대학을 나와도 취업할 수 없어 더 높은 소득격차의 절벽 앞에 놓이게 되었다. 알바 자리를 구하는 것조차 경쟁이 치열한 나라가 되었다. 대한민국은 OECD 국가 중에서 소득불균형이 가장 심한 나라이면서 대학 졸업자와 고교 졸업자의 소득격차가 심하다. 부모는 자신의 노후를 생각할 여력도 없이 자식을 위해 사교육비를 지출한다. 대기업과 대기업 하청기업을 제외하고 고졸 출신과 중소 제조업에 근무하는 근로자 보호를 위한 고용안정망(연금＋주택＋세제혜택) 구축이 시급하다.

대학 졸업 후 취업이라는 큰 절벽 앞에 놓이게 되고 비정규직으로 취업하는 것도 자랑으로 여기는 현실이 되었다. 비정규직도 구하지 못하면 알바로 선선해야 한다. 이들은 사회 구조의 문제로 계층 간 소득 양극화의 희생자다.

3) 비정규직 문제

2019년 8월 기준으로 경제활동인구조사 근로자 형태별 부가조사 결과에 따르면 비정규직 근로자수는 748만1,000명으로 전체 임금근로자 2,055만9,000명 가운데 36.4%를 차지했다.

경제협력개발기구(OECD)의 기준에 따라 2018년 주요국의 비정규직 근로자 비율을 비교하면 한국은 21.2%로 영국(5.6%), 캐나다(13.3%), 독일(12.6%)보다 비중이 컸다. 반면에 네덜란드(21.5%), 폴란드(24.4%), 스페인(26.8%)은 한국보다 비정규직 근로자 비중이 높았다.

비정규직의 확산은 대한민국의 양극화의 상징이다. 이들 중에는 하루 벌어 먹고 살기도 힘든 사람이 많다고 한다. 소득격차를 떠나 후생복지도 사각지대에 놓여 있다. 시간제, 한시적, 비전형으로 근무하고 있기 때문이다. 임금 불평등이 해결되면 결혼과 저출산 문제가 해결된다.

대한민국 30대 재벌들은 국민들의 고통을 외면한 채 사내유보금을 1,000조 원 가까이 쌓아 놓고 있다. 일자리 창출이나 비정규직의 정규직 전환에 동참해야 한다.

4) 일자리 문제

대기업은 자동화 시스템으로 전환하는 곳이 많아서 일자리가 감소하고 있다. 이들은 하청 구조를 늘려서 이익을 최대치로 높이는 데 역점을 두고 있다. 일자리 창출도 중소기업 등 제조업에서 87.5%나 하고 있다. 제조업은 저임금과 후생복지 미흡으로 3D업종으로 치부하여 쳐다 보지도 않아 외국 근로자들이 국내 일자리를 차지하고 있는 현실이다. 더 나아가 제조업의 쇠퇴로 인하여 3D업종에서도 일자리가 사라지고 있다. 국내 일자리 문제를 해결하기 위해서는 해외 진출기업이 돌아오도록 파격적인 지원과 규제 철폐 정책이 우선시 되어야 한다.

신개념 중소기업 및 제조업을 통한 고부가가치 일자리 창출에 대한민국의 미래가 달려 있다. 제조업은 나라의 기초산업이다. 코로나19처럼 위기가 오면서 제조업의 중요성이 더욱 커지고 있다.

5) 주택 문제

주택은 국민의 삶과 아주 밀접하다. 전월세 가격 폭등이 장기간 유지되어 집 없는 서민들에게 고통을 주고 있다. 주택복지에서는 주택의 개념이 아주 중요하다. 불로소득의 투기 장이 아니라 거주 중심의 공공주택 시장을 확대하는 정책으로 가야 한다.

저출산으로 인구가 늘어나지는 않지만 '나홀로 가구'의 수가 늘어나기 때문에 정부는 이러한 흐름을 읽고 트렌드에 맞은 주택정책을 추진해야 한다. 거주가 아닌 소유(투기,투자)의 목적인 1가구 이상 다주택자에게 보유세 등 부동산 세금을 대폭 인상하는 것도 하나의 방법이다.

고용 불안에 주거비 부담과 사교육비 증가로 아이 낳기가 겁이 난다. 내 집 마련과 관련된 문제 또한 국가의 미래 경쟁력을 좌우할 저출산 문제와 필연적으로 연결된다. 이들과 연계하는 공공주택 정책을 추진해야 한다.

주택정책에 대한 정부 영역과 민간 영역을 구분해야 한다. 정부가 민간기업의 영업이익을 위해서 신도시 등 주변 도시를 개발해 주고 있다는 의구심을 거둬들여야 한다. 늦은 감이 있지만 싱가포르 주택 정책을 도입하는 것도 하나의 방법이다.

6) 보편적 동일임금 소득보장

세계 경제 침체는 코로나19와 상관없이 상당기간 이어질 것이며 자국의 보호무역이 강화될 것이다. 세계 경제 침체와 국내 경기 침체는 국내 소비 부진으로 이어지고 결국 일자리 창출이 어려워지고 근로자의 가처분 소득이 감소하면서 직군별, 계층별 소득불균형으로 소득격차가 벌어지게 된다. 비정규직이 겪고 있는 소득격차를 해소하기 위해서는 학력에 따른 임금 차별, 근로시간에 따른 임금 차별, 정규직과 비정규직에 의한 임금 차별을 줄여야 한다.

근로자의 권익을 대변하는 노동조합은 재벌 기업들의 선행을 기다리기 전에 자발적으로 정규직과 비정규직, 원청 근로자와 하청 근로자가 동등한 조건으로 상생할 수 있도록 도와야 한다.

7) 고령화 문제(부모/본인 걱정)

2019년 기준 65세 이상 고령 인구수가 800만 명으로 늘어났다. 전체 인구의 15%가 65세 이상이다. 고령화 문제의 핵심은 가처분 소득이 없다는 것이다. 결국 소득 상실은 구매력 하락으로 이어져 경제의 선순환 연결고리도 끊어지고 경제 침체가 장기화되면서 계층 간 소득격차가 더욱 심화한다.

소득이 없는 노인 가구 자산의 74%가 부동산으로 구성되어 있다. 정부가 시행하고 있는 주택연금정책을 50대부터 시행하는 것도 하나의 방법이다. 해고나 실직 이후 소득이 없어진 중년층 이후 세대와 노후문제를 대비하는 것이다.

선별적 노인복지 정책으로 거론되는 기본소득보장제를 고령화 노인의 빈곤 문제 해결과 내수 경제 활성화를 위한 윈-윈 정책으로 전환해야 한다.

8) 저출산 문제

저출산 문제는 세계적인 추세다. 각국의 경제성장 하락으로 다양한 문제가 발생하고 있다. 정규직과 비정규직, 대기업과 중소기업, 중소기업과 소기업, 원청기업과 하청기업, 하청기업과 재하청기업, 학력에서 오는 소득격차, 정규직 알바와 비정규직 알바, 임용직 등 소득불균형에서 오는 계층 간 격차와 경력단절 후 복직에 대한 두려움이 저출산의 원인이다.

정부는 저출산 문제를 해결하는 데 15년간 160조 원이 넘는 예산을 투입했으나 상황은 더욱 나빠지고 있다. 사회 구조적(사교육 문제, 주택 문제, 임금격차 문제, 계층간 소득불균형 문제, 장기간 노동 등) 개혁이 동반하지 않으면 해결할 수 없다. 장기적으로 저출산 정책 로드맵이 선행되어도 한국 사회의 불공정한 구조에서는 소득격차 문제와 양육에 대한 부담이 크기 때문에 저출산 문제를 해결할 수 없다. 이는 생산가능인구의 감소로 국가 경쟁력 약화의 원인이다.

저출산 문제와 동반되는 다른 제도를 함께 다뤄야 그나마 저출산 정책이 성공할 수 있다. 장기적 실효성이 있는 정책으로는 취업 문제 해결과 소득격차 문제 해결, 주택 문제 해결 등이 선결되어여 한다. 결국은 저출산 문제 해결을 위해서는 핀셋 정책이 아닌 항목별 묶음 정책을 추진해야 한다.

9) 제2의 취업 문제

대기업 중심의 정부 지원으로 중소기업의 산업기반이 취약해져 결국 튼튼한 중소기업이 턱 없이 부족하여 젊은 나이에 해고를 당하거나 정년 퇴직을 하게 되면 취업할 곳이 없다는 것이다. 결국 이들 대부분 퇴직금과 전 재산을 털어 편의점, 치킨집, 빵집 등 자영업에 뛰어들지만 1~2년 사이에 80% 이상이 폐업한다. 이들은 대기업 프랜차이즈의 먹이 사슬로 전락하여 불공정 산업구조로 다시 희생된다.

이를 반영하듯 자영업 지표를 보면 한국은 27%, 일본 11%, 미국은 6%대이다. 정부와 기업이 양질의 일자리 창출 의지를 갖는 것이 중요하다. 산업구조 시스템을 바꾸지 않고는 자영업의 증가는 늘어날 수밖에 없다.

한국에 비해 선진국은 대기업 구조가 아닌 중소기업 구조로 산업이 발전되어 있기에 언제든지 중소기업에 취업의 문이 열려 있다. 이들 국가의 다수 노동자는 퇴직 후에도 대한민국의 자영업자처럼 전 재산을 털어 인생 모험을 하지 않고 피크타임이나 기간제로 쉽게 재취업을 한다. 그것은 근무 매뉴얼이 있기에 가능하다. 영화에서 보듯이 백발의 노인이 사무실에서 일하는 모습을 우리는 상상할 수 없다.

정년 후 제2의 취업 문제를 해결하고 고령화를 늦추면서 생산가능 인구 감소를 막을 수 있는 방법으로 65세까지 고용 보장을 하는 고령자고용안정법 제정이 최상의 방법이다. 이는 기초연금 지급 기준과 연계할 수 있다.

10) 수도권과 비수도권 격차 문제

대한민국의 미래는 수도권과 비수도권의 격차 해소에 달렸다. 수도권 집중 현상에 저출산과 고령화에 따른 인구절벽 위기가 겹쳐 지방 소멸이 빠르게 진행되고 있다. 지방 소멸의 가장 큰 원인이 일자리 문제다. 일자리 부족으로 지방의 청년 인구 감소가 시작되었다. 일자리 부족 - 청년층 유출 - 저출산 가속 - 고령화 가속 - 소비자 감소 - 기업체 폐업 - 일자리 부족의 악순환의 고리가 완성된 것이나. 일본에서 선행한 지방 소멸 현상을 우리도 겪고 있다.

수도권이 비대해질수록 비수도권은 쇠퇴하는 악순환의 연속이다. 수도권 경제력 집중 현상으로 일자리를 찾아 수도권으로 청년 인구가 몰리고 있다. 비수도권을 중심으로 성장했던 기간산업인 제조업(조선, 자동차, 화학 등)은 4차 산업 등 산업구조 변동에 따라서 쇠퇴할 수밖에 없다. 이런 변화로 근로소득이 낮아지고 지역 소비가 둔화되고 지역경제가 활력을 잃어가고 있다. 이런 현상이 지방에서 동시다발적으로 일어나고 있다.

지역균형발전 정책은 지방 소멸을 막을 수 없다. 수도권 중심 경제력 집중을 완화시키고 지방을 살리려면 청와대와 국회가 중부권 이남으로 이전하여 수도권 중심 산업구조를 바꿔야 한다. 수도권에 모여 있는 대학을 지방으로 분산하여 지역균형발전을 유인해야

한다. 더 나아가 지방도시를 살리고 일자리를 창출할 수 있는 관광산업 규제를 풀어야

한다. 지방이 소멸하는 것은 특권과 규제를 내려놓지 않기 때문이다.

(출처 : 청와대 카드 뉴스)

2. 4050세대, 사회적 중요성

촛불운동에 동참한 국민들은 코로나19로 경제난이 겹쳐 힘들어도 진보를 떠나지 않았다. 변화를 추구하는 동력으로 4050세대는 부끄럽지 않은 나라를 아이에게 물려주지 않고자 촛불운동에 동참했다. 2018년 지방선거와 2020년 21대 총선에서도 변화를 거부하고 막말을 일삼는 기득권 세력에 등을 돌렸고 문재인 정부의 안정된 국정 운영(코로나19 국난 극복)에 큰 힘을 실어 주었다.

(출처 : 임종성 국회의원실)

우리 사회의 허리이자 정치적, 경제적 활동의 중심이라고 할 수 있는 30대, 40대, 50대

연령층에는 촛불의 온기가 아직도 남아 있다. 문재인 정부의 정책에 대한 동의나 만족도 여부를 떠나 생각을 공유했다는 책임감으로 곁을 지키고 있다. 이들은 촛불정부를 잇는 정권재창출에도 막대한 영향을 끼칠 것으로 보인다.

전체 인구	20代	30代	40代	50代	60代
5,184만 명	680만 명 (15.5%)	761만 명 (15.9%)	837만 명 (16.1%)	865만 명 (19.7%)	644만여 명 (14.7%)

[출처 : 한국갤럽]

한국 사회에서 40대는 훈련된 핵심 조직으로 포진하고 있다. 경제활동 인구 2,799만 명 중 40대가 가장 많은 658만 명(23.5%)이다. 40대는 조국 사태로 서초동 촛불과 광화문 촛불로 나뉘어 진영논리 갈등이 최고조에 달했으며 문재인 대통령의 지지율 하락이 시작되었을 때도 그들은 확고한 지지층이었다.

촛불운동으로 박근혜 탄핵과 이명박 구속 이후, 세대별 정치성향이 드러나는 여론조사를 놓고 보면 40대의 민주당 지지도는 더 강해지고 있다.

2016년 20대 총선(2월 3주차)			2020년 21대 총선(4월 1주차)		
40대	새누리당	민주당	40대	통합당	민주당
	34%	24%		17%	51%

[출처 : 한국갤럽]

한국 사회의 중추적 역할자로서 합리적인 판단을 한다는 40대가 대한민국의 미래를 여는 리더가 되어야 진보의 가치를 추구하는 100년 정당이 가능하다.

과거 50대는 세대별 균형추 역할이었다. 현재의 50대는 민주화운동을 경험하고 촛불을 경험하여 공정의 가치를 알고 있다. 아이들의 미래를 걱정하는 세대이기도 하다. 여론조사를 보면 민심은 밀물과 썰물 같다. 우리는 겸손과 배려를 정치철학으로 삼아야 한다.

	2016년 3월		2020년 3월
50代	새누리당	50代	통합당
	52%		23%

[출처 : 한국갤럽]

과거 한국 사회에는 나이가 들수록 보수화가 되는 추세인 에이징 효과가 존재했다. 그러나 학습효과에 의한 경험의 차이에서 과거 50대와 현재 50대는 다르다. 과거 50대는 반공교육과 군사독재에 무조건적으로 순응했고, 현재의 50대는 산업화 과정의 불공성과 유신독재 세력에 저항했다.

50대는 과거처럼 스윙보터가 아니다. 스윙보터는 누구에게 투표할지 결정하지 못한 이들을 지칭한다. 이들은 당시 정치사회 여건에 따라 투표 방향을 결정하는 유권자다. 광화문 촛불집회를 경험한 이후부터 진보 진영에 머무르고 있다. 민주화와 촛불을 경험한 50대가 나이를 먹음에 따라 보수화가 된다는 속설을 따를 것인가, 아니면 진보의 핵심축으로 남을 것인가는 민주당의 몫이다.

장장원, 김유태, 광화문, 서초동 촛불집회

4050세대의 사회적 중요성이 부상하고 있다. 사회적 중요성이란 세대 간 공감의 구심적 역할이다. 4050특별위원회가 그 구심점 역할을 하고자 국내와 해외에서 많은 이들과 함께 시작했다.

3. 4050세대, 정치적 역할론

2022년 대선에서도 2020년 4월 총선 유권자의 35.8%를 차지한 4050세대의 표심이 선거 결과를 좌우할 것이다. 기존에는 2040세대를 진보 성향으로 5060세대를 보수 성향으로 분류했다. 이런 분류도 촛불운동을 시작으로 2017년 대통령선거, 2018년 지방선거, 2020년 국회의원 선거를 거치면서 변화하고 있다. 이는 촛불운동의 영향도 있겠지만 민주화운동에 참여했던 4050세대들이 사회의 중추적 역할자로서 가교 역할을 충실히 했다는 반증이다.

(출처 : 사람사는세상 노무현 재단)

(출처 : 사람사는세상 노무현 재단)

2017년 대선에서 패배한 한국당은 인적쇄신이나 정체성의 변화도 없이 새누리당에서 자유한국당으로 이름만 바꿨다. 이들은 촛불집회에서 제기된 변화의 요구를 거부하고 쇄신 없이 탄핵 이전으로 회귀하였으며 두 신화(박정희, 박근혜)를 굳게 믿었다. 그 결과 2018년 지방선거에서 2020년 총선에서 국민의 지지를 받지 못했다. 변화와 쇄신을 거부한 대가를 치른 것이다.

야당도 박정희, 박근혜 신화를 버리고 따뜻한 공정의 가치로 출발해 진보를 아우른다면 2030세대와 4050세대에게 큰 영향을 미칠 것으로 보인다.

진보를 지탱하는 4050세대들의 공통점은 가난한 부모, 민주화운동, IMF 외환위기, 부당해고, 대량실업, 김대중 대통령 당선, 노무현 대통령 당선, 노무현 대통령의 충격적인 서거와 촛불혁명을 경험했다. 이런 경험은 4050세대를 하나로 묶는 공동체로 성장하게 했다. 공유했다는 것과 함께 경험했다는 것은 어느 한쪽으로부터 일방적인 변심만 없다면 변하지 않는다. 우리는 맹목적인 지지가 아닌 비판적인 지지가 공동체를 부유하게 한다는 것도 알고 있다. 이것이 4050세대가 추구하는 '사람 사는 세상'이다.

변화는 언제나 국민으로부터 시작된다. 2017년 대통령선거, 2018년 지방선거, 2020년 총선은 변화와 비전과 위기극복에 민감한 4050세대의 지지로 민주당의 일방적 승리로 끝났다. 21대 총선 결과는 지역구 163석, 비례대표 17석을 더해 180석이라는 원내 과반을 넘어 국회선진화법이 무색할 만큼 큰 선물을 주었다. 우리는 과거에 큰 선물을 받았던 열린우리당 시절을 반면교사 삼아야 한다.

대한민국의 사회적 정치적 역할에서 핵심은 4050세대다. 4050세대는 산업화와 민주화와 IMF 외환위기의 경험을 바탕으로 언제나 변화의 중심에 서 있었다. 시중에는 4050세대의 중심적 역할론이 제기되고 있다. 이에 더불어민주당4050특별위원회가 4050세대의 목소리를 대변하고자 국내와 해외에서 조직을 구축하여 활동 영역을 넓히고 있다.

4. 4050세대, 나라(사회 구조)를 바꾼다

누구나 삶에 대한 불안은 있다. 성차별, 정규직과 비정규직, 육아, 노후 문제, 소득격차 해소에 어떤 해법을 제시할 건지, 복지정책을 어떻게 강화할 건지, 일자리는 주는데 대책은 무엇인지 등에 대한 궁금증이 많아진다.

그러나 궁금증만으로 이런 사회의 구조적인 문제를 해결할 수 있을까.

변화를 원하거든 관심을 가져라. 그러면 불공정한 사회적 구조는 바뀐다.

클린턴, 46세 미국 대통령 취임
32세 주지사 당선
미국 대통령 재직시 경제호황과 성장

토니 블레어, 44세 영국 총리 취임
개혁과 변화 주도, 비전과 결단력,
'영국의 케네디', '영국의 클린턴' 등 수식어

(출처 : 복루비-Bok Ruby 그래픽)

이러한 변화를 위해서는 다양성을 경험한 4050세대의 정치적 참여가 많아야 한다. 유럽이나 다른 나라들을 보면 젊은 사람들이 나라를 바꾸고 있다. 프랑스 마크롱 대통령, 캐나다 트뤼도 총리, 핀란드 산나 마린이 총리, 이탈리아 로마 최초 여성 시장 비르지니 아 라지, 영국 토니 블레어 총리, 미국 클린턴 대통령, 미국 오바마 대통령, 스페인 페드로 산체스 총리 등이 세계적 리더로 우뚝 섰다. 젊은 지도자들이 성장 동력을 만들었다.

대한민국도 변하고 있다. 정의와 공정의 가치를 든 젊은 세대가 관심을 가지고 사회적 이슈에 목소리를 내고 있다. 이들의 참여 열기를 담아 낼 공간이 부족하다. 젊음과 역동 성을 하나로 묶어서 불공정한 사회구조를 바꿀 수 있는 새로운 플랫폼을 갈구하고 있다.

새로움의 갈구도, 새로운 리더를 육성할 책무도, 사회 구조를 바꿀 책임도 우리 4050 세대의 몫이다. 현 4050세대도 한때 선배들에게 촉망받았던 추억을 가지고 있다. 우리 4050세대는 나보다 참신한 2030세대를 새로운 리더로 키워서 대한민국 희망을 만들 어야 한다. 새로운 변화를 찾았던 촛불민심의 명령이다.

대한민국의 미래를 밝히는 원동력은 4050세대의 헌신에서 찾을 수 있다. 4050세대는 불공정한 사회 구조를 바꿀 수 있는 젊은 리더를 키워야 할 책무가 있다.

05

결정을 담다

1. 21대 국회의원 선거 결과

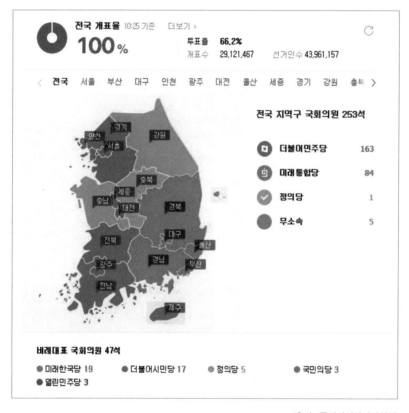

(출처 : 중앙선거관리위원회)

2020년 4월 15일 21대 총선 결과는 정부와 여당의 코로나19의 빠른 대처에 대한 국민
적 지지로 이어졌고 문재인 대통령의 국정운영 지지율도 59% 달하여 여당의 총선 결과
에 큰 도움이 되었다. 대선 이후 두 번(지방선거, 국회의원 선거)의 선거에서 문재인 대통령
의 높은 지지율이 민주당으로 흡수되었다.

각종 여론조사와 여당의 자체 조사도 여당의 승리를 예측했고 야당도 자체 여론조사에서 자신들의 패배를 예측했다. 여당이 실제 의석수 비율에서는 60%는 점유하지만 득표수에서는 190만 명 정도 앞서고 득표율에서는 8% 정도 앞선다.

(출처 : 박정균, 광화문 촛불집회)

갤럽의 여론조사에서 투표를 통한 정치 변화 가능성을 조사했는데, 투표를 통해 우리나라 정치를 바꿀 수 있다가 71%, 그렇지 않다가 21%, 의견 유보는 8%. 2017년 5월 대통령 선거 직전에는 '투표를 통해 우리나라 정치를 바꿀 수 있다'가 68%, '그렇지 않다'가 22%. 2015년 10월 여론조사에서는 '바꿀 수 있다'가 52%, '그렇지 않다'가 40%. 국민들은 투표를 통해 나라를 바꿀 수 있다고 생각한다. 이런 상황에서 정당은 국민 변화 속도를 따라가야 한다.

국민이 투표를 통해 우리나라 정치를 바꿀 수 있다는 생각을 가지게 된 것은 광화문 촛불혁명이라 부르는 촛불집회 참여의 영향(대통령도 잘못하면 탄핵시킬 수 있다는 경험)이다. 그러나 청년층(2030세대)은 조국 사태 이후 공정과 정의에 실망했다. 4050세대는 청년들이 원하는 공정의 가치를 함께 풀어야 할 책무가 있다. 아울러 청년층과 노인층을 잇는 가교 역할을 할 수 있는 4050세대의 역할이 커져가고 있다.

2. 진보는 위기에 강하다

(출처 : 청와대 카드 뉴스)

코로나19의 신속한 대응 처리에 따라 대통령 지지도가 오르고 동시에 민주당 지지율도 올랐다. 그러나 특정 지역에서는 대통령 지지율에 미치지 못했다. 집값이 폭등한 강남 3구(강남,서초,송파)와 용산구의 표심을 얻기 위해서 여당은 정부의 부동산 정책과 상반된 1가구 1주택 종부세를 완화한다고 시사했으나 이들은 막말을 일삼는 야당을 선택했다.

'보수는 이익 앞에 뭉친다'는 속설은 이번에도 무너지지 않았다. 이렇듯 자신들의 이익을 위해서는 정의와 공정따위는 안중에도 없다. 그러나 위기 때마다 명분을 중시하는 진보는 집권 여당을 선택했다.

총선 전 여론조사를 보면, 각 지역에서 부동산 문제로 여당 후보들이 곤경에 처하기도 했다. 그러나 두 번(소고기 파동 촛불집회, 박근혜 탄핵 광화문 촛불집회)의 촛불운동을 경험한 2030세대와 민주화운동과 촛불집회를 경험한 4050세대로 대표되는 진보성향 유권자는 부동산 문제는 개인적인 문제로 치부하고 코로나19 국난 극복에 힘을 실어 주었다. 이것이 진보가 추구하는 가치의 명분이다. 민심은 경북, 경남, 울산, 부산을 제외하고 무책임하고 막말을 일삼은 야당에 등을 돌렸다.

대한민국 보수는 대안도 없고 무능한 꼰대정당의 이미지가 강하다. 젊은 세대는 권위적 꼰대세대가 막말과 조롱을 일삼는 것에 공감하지 않는다. 국민이 요구하는 변화를 거부하고 옳고 그름을 판단할 능력이 사라진 정당은 소멸할 수밖에 없다. 진보도 공정의 가치가 무너지면 국민들의 관심이 떠난다는 것을 알아야 한다.

촛불운동과 민주화운동을 경험한 4050세대는 국가의 위급 상황에 무엇을 해야 하는지를 알고 있다. 21대 총선을 통해서 진보는 위기에 강하다는 것을 다시금 증명했다.

3. 4050세대, 유권자의 35.8%

2020. 4. 5. 중앙선거관리위원회에 따르면 21대 총선 유권자는 4,399만 4,247명이다.

(출처 : 중앙선거관리위원회)

연령대별 총선 유권자 수 변화

20대 총선	739만 명	761만 명	884만 명	838만 명	983만 명
증감	18세-29세 +56만 명	30세-39세 −62만 명	40세-49세 −48만 명	50세-59세 +27만 명	60세 이상 +218만 명
21대 총선	795만 명	689만 명	836만 명	866만 명	1,201만 명

(출처 : 중앙선거관리위원회)

상기 자료를 보면, 20대 유권자 680만 명(15.5%), 10대 유권자 115만 명(2.6%), 처음 투표하는 만18세 유권자 54만8,986명이다. 30대 유권자 699만 명(15.9%), 40대 유권자 836만 명(16.1%)이다. 연령층에서 30~40대 유권자가 110만 명 줄었다.

민주화운동과 촛불운동을 경험한 40대와 50대를 합하면 1,702만 명으로 전체 유권자의 35.8%를 차지한다. 50대 유권자 865만 명(19.7%), 60대 유권자 644만 명(14.7%), 70대 이상 유권자 557만 명(12.7%), 유권자의 절반 이상이 50대이다. 연령대 분포를 살펴보면 산업화의 성장주의, 민주화의 분배주의, 신개념의 공정주의가 당분간 한국 사회를 나눌 키워드가 될 것이다.

전체 유권자의 35.8%를 차지하는 4050세대의 특별한 관리가 필요하다. 더불어민주당 4050특위가 4050세대를 대변하면서 2030세대와 공정에 대한 소통을 강화하고, 60대로 편입한 베이붐 세대들의 보수화를 늦추는 역할을 기대해 본다.

4. 이젠, 전국4050위원회다

중장년층(4050세대)을 대변하고 청년위원회와 노인위원회를 잇는 전국위원회가 없다.

(출처 : 류강수 그래픽)

4050특별위원회가 각 청년층과 노인층을 잇는 가교 역할자로서 당의 중추적 역할을 수행할 수 있다.

1955년 이후 출생한 베이비붐 세대는 이미 고령층에 진입했는데, 젊은 시절 군사 독재와 민주화운동을 경험하여 보수화 가능성이 낮다고 판단했지만 현실은 그렇지 않다. 우리 사회가 급격하게 사회적 연대성이 실종되고 있으며 새로운 보수화가 생길 수 있어 겸손한 소통이 필요하다.

유권자 200만 명이 증가한 60대 이상은 신고령층 시대로 전환했다. 4050세대는 진보적 가치로 무장했기에 50대 중반부터 오는 보수화 경향은 적어졌다고 본다.

촛불집회 이후 정치적 중요성을 깨달은 국민들이 많아졌지만 아직도 우리는 정치적 이념의 스펙트럼을 분류할 때 주저 없이 2030세대는 진보, 40대는 진보, 50대는 진보·중도·보수, 60대 이상은 보수로 부른다. 50대 중반부터 진보에서 중도와 보수로 이동하는 것을 도넛현상이라 한다. 이와 같은 도넛현상을 막기 위해서는 4050세대의 역할이 필요하다.

더불어민주당 전국4050위원회가 필요한 이유를 요약한다.

하나, 청년위원회 이후 4050세대를 상징하는 전국위원회가 없다.

둘, 대한민국 4050세대를 대변할 수 있다.

셋, 청년층과 노년층을 잇는 가교 역할을 할 수 있다.

넷, 4050위원회가 정권 재창출의 디딤돌 역할을 할 수 있다.

다섯, 청년 정치인 발굴과 육성으로 양질의 조직 확장을 할 수 있다.

여섯, 세대 간 현안 공유로 정책 발굴과 대안을 제시할 수 있다.

일곱, 국내, 해외 네트워크 구축으로 당 조직을 확장할 수 있다.

여덟, 재외국민 권익 보호 및 한반도 평화협력체계를 구축할 수 있다.

아홉, 50대 후반부터 보수화로 가는 도넛현상을 막을 수 있다.

열, 4050 활동을 통해서 자체적으로 유능한 인재를 발굴할 수 있다.

더불어민주당4050특별위원회가 변화를 읽고 변화하는 시대정신에 맞는 역할을 다할 것이다.

(출처 : 청와대 카드 뉴스)

06

계획을 담다

더불어민주당4050특별위원회
2019년 운영 방안

**"100년 정당, 더불어민주당의
버팀목이 되겠습니다."**

더불어민주당4050특위 운영 방안

■ 더불어민주당 4050특별위원회의 역할

- 청년층과 노년층을 잇는 가교 역할

- 더불어민주당 확장을 위한 디딤돌 역할

- 세대 간 현안 공유 및 정책 발굴, 대안 제시

- 전국적인 네트워크 구축으로 당 조직 강화

- 중 · 장년층의 정치 참여 확대로 민주주의 강화

- 총선 승리와 정권 재창출를 위한 더불어민주당 선봉 역할

- 광역별 청년 정치인 발굴과 육성으로 더불어민주당 조직 확대

- 더불어민주당 4050특별위원회(이하 '4050특위')는 더불어민주당의 정강 · 정책에 동의하며, 청년층과 노년층을 잇는 가교 역할을 수행한다. 또한 4050특위와 회원 개개인의 발전을 지속적으로 도모하기 위해 다음의 사업을 추진한다.

1. 추진기간

• 2019.01.01.~2020.08.30.

2. 운영내용

• 4050특위 조직 전국 확장 사업

• 광역별 인재 발굴/영입 사업

• 현안 정책토론, 세미나 개최

• 광역별 순회 간담회 개최

• 회원 상호 간 친목도모 사업

• 사회공헌 사업

3. 추진계획

1단계(2019. 01. ~ 02.)

• 정관 및 사업 안건 추인

• 집행부 및 부위원장단 선정

• 4050특별위원회 출범식

2단계(2019. 03. ~ 12.)

- 1박 2일 연수

- 토론회, 세미나 추진

- 광역별 책임자 선정

- 부위원장단 추가 선정

- 각 분과위원장 및 위원 추가 선정

3단계(2020. 01. ~ 08.)

- 총선 지원 체계 전환

- 토론회, 세미나 확대 추진

- 광역별 책임자 활동 확대

- 광역별 분과 활동 확대

- 각 분과위원장, 부위원장, 위원 활동 확대

- 4050특별위원회 총평 세미나

4. 전국조직 확장, 광역인재 발굴, 영입

5. 분과별 현안 정책토론, 세미나

- 분기별 1회
- 분과별 토론, 세미나
- 광역별 토론, 세미나

6. 친목도모

- 4050발전과 회원 간 공동체 강화
- 광역별 정기모임/번개모임
- 친목 도모를 위한 국내견학 등

7. 사회공헌

- 비영리단체(사랑나눔연대)와 사업 협업
- 광역별 사회봉사
- 분과별 특화봉사

8. 우수 공로자 표창

9. 각 단위별 회의

• 집행부 : 매월

• 부위원장, 분과위원장 : 홀수달 개최

• 분과위원회 : 현안에 따라 결정

10. 연회비

• 집행부, 부위원장단, 분과위원장단

• 찬조금, 특별회비

11. 집행부

• 수석, 상임부위원장, 사무총장, 사무부총장

12. 조직도

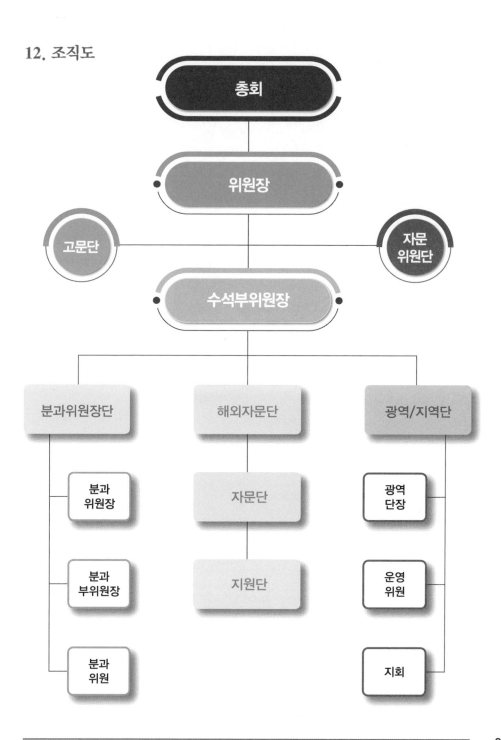

4050

더불어민주당4050특별위원회
워크샵 교재

"100년 정당, 더불어민주당의
버팀목이 되겠습니다."

4050 대한민국을 말하다!

4050특위 설계를 듣다

- 더불어민주당 40 50 세대 대변자
- 청년층과 노년층을을 잇는 가교 역할
- 세대간 현안을 공유하고 정책 발굴과 대안제시
- 전국적인 네트워크 구축을 통한 조직 강화
- 정권재 창출과 지방분권 시대 4050 역할론
- 정치지망생 발굴 육성을 통한 100 년 정당
- 4050 친목을 도모하는 소통의 장
- 정치도 변해야 한다 사회공헌 추진

브랜드를 찾다

4050세대 지칭

4050세대 대변자

4050특별위원회 출범식

通(통)하다. 通(통)하다

▦ 공유하는 소통 ▦

- 사업설명서 설명
- 중장기 플랜 설명
- 무엇을 하고 싶은지
- 무엇을 도와야 하는지
- 함께 해 보자는 공감대
- 소통과 목표 달성 관건
- 다양성을 묶는 역할 중요

▦ 생각하는 소통 ▦

- 활동없이 경력용 임명장
- 일회성이 아닌지 관망
- 활동을 하고 계신분
- 새로운 분을 추천
- 하고 싶은데 방법을 모른다
- 과거와 다르게 기대치가 높다
- 4050 브랜드 가치가 좋다

4050 조직도

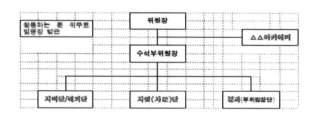

- 지역단 ▫ 지원단 중심 운영
- 특위 활동 편리성 보다 운영 원칙에 충실

4050특별위원회 조직 확장 건
정치신인 발굴, 4050 세대 영입 건
4050 현안 정책 건
상호 친목 건
사회 공헌 건

4050 부설 고민하다

- 4050 정치학교

  ▶정치,안보,정책,인문학,복지,주택,교통,미세먼지,기후변화,교육,남북교류 등

- 4050 정책지원단

  ▶4050세대 현안 정책 제안 가능 전문가 등

- 4050 법률지원단

  ▶4050 회원 및 산하 부설 기구 지원 등

- 4050 창업지원단

  ▶4050세대 일자리창출,성공적 창업교육,지자체와 연계한 창업 교육 등

4050 부설 고민하다

- 4050 문화지원단

  ▶전통문화 계승과 우리고장 문화예술 홍보 등

- 4050 인문학지원단

  ▶인성과 감성을 더한 따뜻한 공동체 구현 등

- 4050 사회공헌단

  ▶행복나눔으로 따뜻한 지역공동체 회복 등

- 4050 조직지원단

  ▶4050 세대 영입 및 정치신인 발굴 등

4050 백서가 답이다

- 4050 특위 종합 평가
- 각 부위원장 실적 홍보
- 사업계획서 추진 우수자 홍보
- 40대, 50대 활동 우수자 홍보
- 부설 지원단 공헌자 홍보
- 4050 특위 발굴 인재 추천
- 4050 브랜드화 건의
- 우수자 인센티브 건의
- 2기 4050특위 출범 건의
- 기타

더불어민주당
4050특별위원회 활동 백서

백서를 위하여
누군가는 대박난다

○ 활동기간
2018.12.7. ~ 2020.8.26.일까지

○ 주요사업
1. 4050특별위원회 조직 확장 건
2. 정치신인 발굴, 4050 세대 영입 건
3. 4050 현안 정책 건
4. 상호 친목 건
5. 사회 공헌 건

○ 이 시대 天命은 정권재창출이다.
○ 100년 정당, 더불어민주당4050특위의 역할이다.
○ 우리는 40대, 50대 대변자 역할이다.

4050 운영 방향

- 우리 더불어민주당4050 특위는 당의 정강 정책을 바탕으로 사업계획서를 충실하게 운영하는 중앙당 소속이다

- 우리는 누군가를 위해 만들어질 경력용 임명장을4050 특위는 발급하지 않는다

- 우리4050 특위는 당의 중추적인 역할(4050 세대 대변자) 을 하는 주인이다

- 우리는 이해찬 대표 님의 말씀처럼 정권재창출을 위해서 임종성 위원장님의 말씀처럼 청년층과 노년층을 잇는 가교 역할을 위해서 4050 특위가 디딤돌 역할을 한다

- 우리는 사업계획서를 바탕으로 각 영역에서 활동을 확장한다

104

원칙과 기준을 고민하다

▦ 원칙 ▦

- 4050특별위원회는 당원을 권리당원(월 1,000원 납부)으로 전환하는 것

- 중도층 · 부동층을 신규 권리당원(월 1,000원 납부)으로 확보하는 것

- 4050특별위원회 신청서 · 이력서 · 권리당원 가입서 등을 집행부에 제출하는 것

- 지역 언론보도 배포 시 4050특별위원회 집행부와 사전 협의하는 것

- 중앙당 방침(최고위원 의결 + 당 대표 결재)에 따른다.

영역 확장을 위한 분류

※분과위원회
- OO분과위원장
- OO분과부위원장
- OO분과위원

※지회
- OO지회장
- OO부지회장
- OO위원

정책 현안을 논할 때
※정책토론 및 세미나
- 정책토론 관련 사전 협의
- 주제설정 및 발제자와 협의
- 4050특위 정책토론 주관

임명장 기준

	중앙당 임명장(출범식前) 특위위원회 임명장(출범식後)
	OO분과 위원장 OO분과 부위원장 OO분과 위원
	OO지회장 OO부지회장 OO위원

중앙당 명의 임명장 발급 기준	임명장
최고위 의결/당 대표 결재 必須(필수) 4050특위 가입 신청서 제출 직책 당비 납부 원칙	4050특위 운영위원

4050특위 가입 절차

○ 목적
  사업계획서 참고

○ 기준
  워크샵 책자 참고

○ 절차

4050특위 홍보	구비서류 제출	집행부 심의	가입 완료

○ 신청 요건
  분과위원장 : 해당 분야의 전문성·경력 또는 이에 준하는 경력을 소유한 권리당원
  분과부위원장 : 더불어민주당 4050특별위원회 취지 및 사업계획서 동의자
  분과위원 : 더불어민주당 4050특별위원회 취지 및 사업계획서 동의자
  공통사항 : 해당 직책에 따른 당비 납부 및 권리당원 원칙
  필수제출 : 가입 신청서, 이력서, 지역당원 입당서·당비납부 약정

○ 신청 기간
  오늘부터 ~ 12월 30일까지

○ 문의
  더불어민주당4050특별위원회 집행부

○ 구비 서류
  신청서(필수제출)
  이력서(필수제출)
  지역당원 입당서 및 당비 납부 약정서(필수제출)

○ 필수 제출

더불어민주당4050특별위원회 가입 신청서

희망 분과						
권리당원	( )	대의원	( )	당원	( )	(사 진)
성 명	한글		성 별			
	한자		연 령			
주민등록번호						
주 소						
직업·직책						
입당 년·월·일						
전 화	(휴대폰)		(일반)			
E-Mail						
당비 납부계좌	은행		계좌(소유자)명		※반드시 자필서명 날인 필요	
	계좌번호		소유자주민번호			
	금액		납부회망일	매월 □5일 □14일 □28일		

본인은 더불어민주당 4050특별위원회에 위와 같이 신청합니다.

첨부 : 이력서 1부(비당원의 경우, 입당원서 제출)

2019년   월   일

신청인   (인)

추천인   (인)

더불어민주당4050특별위원회 귀중

4050 확장 방향

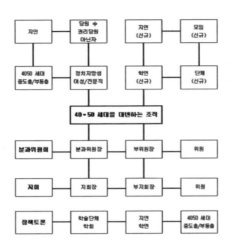

4050특위, 100년 정당 디딤돌

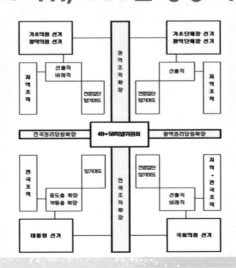

남북평화협력 지지 선언문

남북평화협력 지지 선언문

우리가 주도하는 한반도의 항구적 평화체제 구축과 평화를 기반한 번영의 출발선을 위하여, 새로운 100년 시대 한반도 평화는 "국민과 함께, 남북이 함께, 대립과 갈등을 끝내고 평화협력공동체를 만들어 나가는 것이「新한반도체제」구상의 디딤돌이다.

더불어민주당4050특별위원회는 그 디딤돌이 되기 위해 다음과 같이 선언한다.

하나, 9.19 선언을 통한 한반도 항구적 평화체제를 지지한다.
하나, 민간문화교류를 통한 한반도 공동체 회복을 지지한다.
하나, 경제협력교류를 통한 한반도 평화협력 공동체를 지지한다.

2019.3.30.

더불어민주당4050특별위원회 일동

(출처 : 청와대 카드 뉴스)

국민과 **더불어민주당**

4050

특별위원회

2020년 운영 방안

4050 Platform

목 차

4050 Platform

다음과 같이 4050 事業을 公知합니다.

1. 2020년도 목표

1.4050 운영 방향

2.4050 전국위원회 달성

3.4050 출판기념회

4.4050 홍보 강화

5.4050 유능한 미래세대 발굴

6.4050 현안(민생경제·사회공헌·기타) 문제 해결

7.4050 전국위원회 당위성 보고서 작성

8.4050 조직도

9.4050 부록편

2. 4050 운영 방향

1. 대한민국과 민주당의 중추적인 midfield(40-50代) 역할

2. 국내 · 해외(在外) 조직 Network 확장

3. 대한민국 미래세대인 20代 · 30代 Care

4. 지역단 · 해외단 · 지원단 · 자문단 중심적 운영

5. 한반도 항구적 평화체제 구축 · 평화공존과 경제협력교류 지지

6. 해외(在外)동포 권익보호 · 재외동포 정체성 함양을 위한 미래세대 교육

7. 사회공헌 활동으로 따뜻한 공동체 전달

8. 총선 승리 지원과 정권 재창출 초석

3. 4050 전국위원회 달성

1. 중앙당 9개 전국위원회 존재

2. 4050세대 대변하는 전국위원회 부재

3. 4050세대 현안 해결 공유

4. 국정운영 안정을 위한 2020 총선 승리 견인

5. 문재인 대통령 안정적 국정운영 지지대 역할

6. 촛불운동 완성을 위한 2022 대통령선거 승리 견인

7. 미래세대 · 청년층 · 장년층 · 재외국민 가교 역할

8. 대한민국 40~50代 대변하는 역할

4. 4050 출판기념회

1. 정당 조직 활동성 Platform 담다

2. 4050세대 목적 의식 고취 담다

3. 4050세대 현안 공감과 공유 담다

4. 4050세대 역동성 담다

5. 4050세대 역사와 애환을 담다

6. 대한민국과 더불어민주당 중추적인 역할 담론 담다

7. 대한민국 미래세대(20~30代) Vision Manual 담다

8. 사회공헌 활동으로 따뜻한 공동체 전달성 담다

5. 4050 홍보 강화

1. 4050 Blog 운영

2. 4050 Facebook 운영

3. 4050 Twitter 운영(follower 확대)

4. 4050 Band 운영

5. 4050 YouTube 운영

6. 중앙당 YouTube "씀" 활용

7. 4050특위 홍보 영상 활용

8. 더불어민주당 민생경제정책 공유

6. 4050 유능한 미래세대 발굴

1. 대한민국 미래세대 발굴

2. 지방분권에 맞는 지역 생활정치인 육성

3. 생활정치형 참여 민주정치 교육 확대

4. 일회성 외부 영입이 아닌 내부 인재 육성을 통한 발굴

5. 가산점제도 개편를 통한 당 기여도 기준 공정성 정착

6. 4050위원회를 통한 지지층 이탈 방지와 권리당원 정예화

7. 40代를 중심으로 30代와 50代의 균형적 인원 분포 정착 제안

8. 선거시 외부 전문가 영입은 중앙당 활동 기여도 고려 제안

7. 4050 현안(민생경제 · 사회공헌 · 기타) 문제 해결

1. 민생경제 - 정책자문단 · 민생지원단 · 교육지원단 · 기타

2. 창업교육 - 창업자문단 · 직능자문단 · 교육지원단 · 기타

3. 해외동포 - 해외(在外)청년자문단 · 기타

4. 당확장성 - 각 지역단 · 전국조직단 · 여성지원단 · 기타

5. 미래세대 - 미래세대단 · 청소년지원단 · 학부모지원단 · 기타

6. 사회공헌 - 다문화지원단 · 장애인지원단 · 사회공헌지원단 · 기타

7. 대안제시 - 각 자문단 · 지원단 · 소통학교 · 기타

8. 해결제시 - 중앙당 · 정책위원회 · 국회상임위원회

8. 4050 전국위원회 당위성 보고서 작성

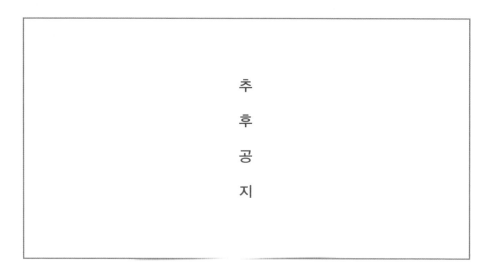

추
후
공
지

9. 4050 조직도

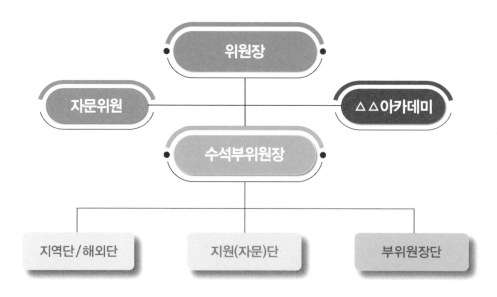

10. 4050 부록편

1. 4050 설립 목적

2. 남북 평화협력 지지 선언문

3. 4050특별위원회 가입신청서

4. 해외체류 재외국민 보호(국정과제 5개년 中)

5. 4050 조직 구성도 현황

6. 4050 추가 지역단·지원단 모집

7. 토론회 신청서를 받습니다

8. 사회공헌으로 4050을 열다

9. 연간 행사 일정표

4050특별위원회 설립 목적

취지

• 대한민국 4050세대를 대변한다

역할

• 청년층과 노년층을 잇는 가교 역할

• 더불어민주당 확장을 위한 디딤돌 역할

• 국내·해외 네트워크 구축으로 당 조직 강화

• 세대 간 현안 공유 및 정책 발굴, 대안 제시

• 중·장년층의 정치 참여 확대로 민주주의 강화

• 재외동포 권익보호 및 한반도 평화협력체계 구축

• 총선 승리와 정권 재창출을 위한 더불어민주당 선봉 역할

• 광역별 청년 정치인 발굴과 육성으로 더불어민주당 조직 확장

사업

- 4050특위 국내·해외 조직 확장

- 현안 정책토론, 세미나, 간담회

- 광역별. 재외별 순회 간담회

- 4050세대 현안 정책 건의

- 광역별 인재 발굴, 영입

- 회원 친목도모

- 사회공헌(국내/해외)

목적

- 우리가 우리의 역사를 주도하는 신한반도 체제를 구축한다

남북 평화협력 지지 선언문

우리가 주도하는 한반도의 항구적 평화체제 구축과 평화를 기반한 번영의 출발선을 위하여, 새로운 100년 시대 한반도 평화는 '국민과 함께', '남북이 함께' 대립과 갈등을 끝내고 평화 협력공동체를 만들어 나가는 것이 「新한반도체제」 구상의 디딤돌이다.

더불어민주당 4050특별위원회는 그 디딤돌이 되기 위해 다음과 같이 선언한다.

> 하나. 9.19 선언을 통한 한반도 항구적 평화체제를 지지한다.
>
> 하나. 민간문화교류를 통한 한반도 공동체 회복을 지지한다.
>
> 하나. 경제협력교류를 통한 한반도 평화협력공동체를 지지한다.

2019. 3. 30.

더불어민주당 **4050**특별위원회 일동

더불어민주당 4050특별위원회 가입신청서

희망 분과	1. 부위원장(　　) 해외자문단 (　　) 2. 지역단(　　)　지회장(　　)　위원(　　) 3. 지원단(　　) 4. 기타(　　)			(사 진)
성명	한글)		성 별	
	한자)		연 령	
주민등록번호				
주소				
직업				
해당 여부	대의원(　　)　권리당원(　　)　당원(　　)			
전화	(휴대폰)		(사무실)	
E-Mail				

– 상기 본인은 더불어민주당 4050특별위원회 회원으로 가입을 신청합니다

– 개인정보법에 의해 개인 신상은 보호를 받습니다

– 개인정보 활용 동의 및 숙지사항을 첨부합니다(별도 동의 및 서명 필수)

2020년　월　일

신청인　　　　　**(인)**

추천인　　　　　**(인)**

더불어민주당 4050특별위원회 귀중

개인정보 활용 동의 및 숙지사항

1. 더불어민주당 4050특별위원회 가입 신청서를 제출한 회원, 위원, 명예위원은 아래와 같이 분류되는 개인정보는 다른 목적으로 이용하거나 제3자에게 제공하지 않습니다.

   1) 기재한 개인정보는 제출일로부터 본인이 탈퇴할 때까지 인적자원 관리에 활용합니다.

   2) 기재한 개인정보는 외부인들의 열람을 제한함과 동시에 개인정보를 알 수 없도록 처리합니다.

   3) 귀하는 가입신청서에 기재된 개인정보의 수집 또는 이용에 동의하지 않을 권리가 있으며, 일반 정보(인적사항, 연락처 등의 필수 정보)의 수집 및 이용 동의를 거부할 때에는 더불어민주당 4050특별위원회에 가입이 제외됨을 고지드립니다.

   4) 귀하는 더불어민주당 4050특별위원회 가입신청서(회원, 위원, 명예위원)를 제출함으로써, 더불어민주당 4050특별위원회의 설립 목적 및 운영 방침에 어긋나는 행위를 했을시, 4050특별위원회에서 직권 제명됨을 인지하셔야 합니다.

   5) 위 1항에서 4항까지의 내용을 충분히 숙지하고 개인정보 수집 및 이용에 대하여 동의합니다.

2020년 월 일

동의자 본인 :　　　　　　　(인 또는 서명)

해외체류 국민보호 강화 재외동포 지원 확대

목표

- 체계적 재외국민 보호 System 구축
- 한민족 Global Network 활성화
- 해외 체류 대한민국 국민 보호 강화

내용

- 재외국민 보호
- 재외동포 정체성 교육
- 한국 언어·역사·문화·교육 등 모국 초청 교류
- 차세대 인재 육성
- 한상 Network 활성화
- 재외동포 역량 강화 지원
- 재외국민을 위한 통합전자행정 System(G4K) 구축

효과

- 해외 체류 대한민국 국민 안전 보호 강화
- 재외동포의 한민족 정체성 함양과 역량 강화
- 재외국민 편의 증진과 신분 보호 강화
- 청년 해외 진출 지원

4050 조직 구성도 현황

구성 목적

• 국내 · 해외 조직 Network 구축으로 외연 확장

조직단 목표

• 45개(4050 상징)

조직단 현황

• 부위원장단, 해외청년자문단, 경기지역단, 전북지역단, 제주지역단, 전국조직단, 정책자문단, 직능자문단, 창업자문단, 비정규직자문단, 중소기업자문단, 홍보기획자문단, 소통학교, 교육지원단, 보건의료지원단, 학부모지원단, 여성지원단, 다문화지원단, 청소년지원단(19개)
  - 수록 : Book · Pamphlet · 4050 영상

운영 방향

• 미래세대 · 청년층 · 장년층 · 해외(在外)동포 가교 역할
• 4050 현안(민생경제 · 사회공헌 · 기타) 문제 해결
• 지역단 · 해외단 · 지원단 · 자문단 중심 운영
• 총선 지원과 정권 재창출 목표
• 4050전국위원회 달성 목표
• 4050위원회 1기 구상
• 4050위원회 권리당원 20만 명 확보

정책세미나 신청서를 받습니다

토론회를 추진하고 싶으나 제반사항이 안되는 분, 특정 현안에 대해서 토론회를 주최하고 싶은 정책자문단, 창업자문단, 교육지원단 등 제안서를 2월 20일까지 제출하시기 바랍니다. 토론회 기간은 5~12월까지입니다.

[공통 적용 4050 현안]

정책세미나 제안서

제목 :

일정 :

목적 :

주요내용 :

기대효과 :

소요예산 :

2020.

제출자 :　　　　(인)

사회공헌으로 4050을 열다

1. 사회공헌으로 공동체 장을 열다

- 행사 : 문화가 사랑(愛)을 담다

- 일자 : 2020년 5월

- 주최 : 다문화지원단장, 장애인지원장, 사회공헌지원단장, 문화예술지원단장, 소통
  학교장

- 주관 : 4050특별위원회, 각 부위원장, 각 지역단, 각 지원단, 각 자문단

- 참여인원 : 500명 이상

- 장소 : 추후 공지

2. 4050출판기념회

- 일자 : 2020년 6월

- 1부 행사 : 소통하는 4050를 담다

- 2부 행사 : 4050출판기념회

- 3부 시상식 : 공로패, 감사패, 표창장

- 4부 만찬 : 위로연

- 참여인원 : 1,000명 이상

3. 정책세미나

- 일자 : 2020년 8월

- 주최 : 4050특별위원회

4. 창업토론회

- 일자 : 2020년 9월

- 주최 : 4050특별위원회

연간 행사 일정표

일부는 확정된 내용이 아닙니다. 신청서 접수 후 확정합니다.

월	행사명	행사내용	비고
1	• 4050 신년회	2020.1.10.(금) 수원	실행
2	• 조직 확대 및 추천	코로나19 발생	코로나19 발생
3	• 책 출간 : 자료 제출	각자 자료 제출	코로나19 발생
4	• 4·15 총선	사회적 거리두기	총선 지원
5	• 문화와 사랑을 남나	사회적 거리두기	코로나19 발생
6	• 4050 출판기념회	출판기념회, 합동발대식	6월 23일(화) 국회 대강당
7	• 정책 세미나	코로나19 결과에 따라서	코로나19 여부
8	• 전당대회 • 4050 워크샵	"	"
9	• 정책 세미나	"	"
10	• 봉사활동	"	"
11	• 정책 세미나 • 산행	"	"
12	• 4050 신년회	2021년 신년회	장소 미정

1. 4050 출판기념회 출간에 따른 4050 활동 자료가 필요합니다.

2. 각 지역단, 지원단, 자문단 활동 사진을 제출하여 주시기 바랍니다.

With the people **Democratic Party of Korea**

국민과 **더불어민주당**

4050

특별위원회
Special Committee

2020년 운영 방안(영문)

4050 Platform

Contents

4050 Platform

1. 2020 Goals

1.4050 Direction of Operation

2.4050 Become a National Committee

3.4050 Publications Event

4.4050 Reinforcement of Public Relations

5.4050 Discovering Future Competent

6.4050 Issues (Living Economy, Social Contribution, Others)

7.4050 National Committee Justification Report

8.4050 Organization Chart

9.4050 Appendix

2. 4050 Direction of Operation

1. Play pivotal role for (age 40s-50s) of the Republic of Korea and the Democratic Party

2. Expansion of domestic and overseas network

3. Care for the future generation of Korea (20s-30s)

4. Operate mainly through, Regional group / International group / Support group / Advisory group

5. Establishing a permanent peace regime on the Korean Peninsula, supporting peaceful coexistence and economic cooperation

6. Direction of Operation

7. Provide community service through social contribution activities

8. Support General election and regime re-creation

3. 4050 Become a National Committee

1. Existence of 14 National Committees in the Party

2. No National committee representing 40s50s

3. Share 4050 current issues

4. Win 2020 General Election to support national administration

5. Support President Moon Jae-in's role in national administration

6. Win the 2022 presidential election to complete the candlelight movement

7. Play role as a bridge between future generations, youth, seniors, and overseas Koreans

8. Represent Korean (40s 50s)

4. 4050 Publications Event

1. Organizational Activity Platform

2. Raising awareness of the purpose of 4050s

3. Empathy and Sharing of 4050 Generation Issues

4. 4050 Generation Dynamics

5. The history and love of 4050 generations

6. Discourse on the key role of the Democratic Party with Korea

7. Vision Manual for Future Generations in Korea (20~30s)

8. Community service through social contribution activities

5. 4050 Promotion

1. 4050 Blog

2. 4050 Facebook

3. 4050 Twitter (increase number of follower)

4. 4050 Band (Korean Social Media)

5. 4050 YouTube

6. YouTube chanel for the Party "SSEUM(씀)"

7. Use of 4050 Special Promotion Video

8. Sharing Democratic People's Economic Policy

6. 4050 Discovering Future Competent

1. Discovery of future generations for Korea

2. Nurture local politicians who are decentralized

3. Expansion of democratic politics education

4. Excavation through fostering internal talents, not one-time recruitment

5. Introduction of standards of party contribution system

6. Prevention of drop out from support group and elite right party through 4050 committee

7. Centered on 40s, proposed balanced distribution of 30s & 50s

8. Recruitment of external experts in elections from who has contributed to the party

7. 4050 Issues(Living Economy, Social Contribution, Others) & Solutions

1. Welfare Economy - Policy Advisory Group, Welfare Support Group, Education Support Group, Others

2. Entrepreneurship Education - Entrepreneurship Board, Skilled Advisory Board, Education Support Group, Others

3. Overseas Koreans - Overseas Youth Advisory Group

4. Party scalability - Each regional group, national organization, women's support group, etc.

5. Future Generations - Future Generations group, Youth Support Groups, Parent Support Groups, Others

6. Social Contribution - Multicultural Support Group, Disabled Support Group, Social Contribution Support Group, etc.

7. Suggested alternatives - Each advisory group, support group, communication school, etc.

8. Proposed Resolution - Central Party, Policy Committee, National Assembly Standing Committee

8. 4050 National Committee Justification Report

TBA

9. 4050 Organization Chart

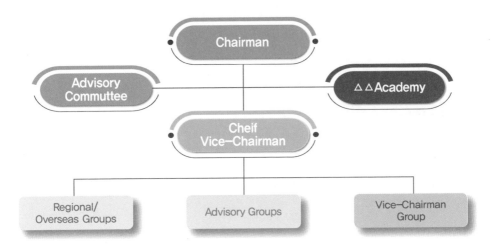

From 2020, The Organization will operate mainly through the groups

10. 4050 Appendix

1) 4050 Purpose of establishment

2) Statement of Support for Inter-Korean Peace Cooperation

3) Application Form for 4050 Special Committee

4) Protection of Overseas Koreans Residing Overseas

5) 4050 Organizational Chart

6) Recruit additional regional & support teams

7) Apply for discussion session

8) Opening 4050 through Social Contribution

9) Annual Calendar of Events

4050 Purpose of Special Committee

Objective

- To represent Korean 40s 50s

Role

- Bridging the young and old

- Expansion of the Democratic Party

- Strengthen our organization by building domestic and overseas networks

- Share current issues, develop policies, and suggest alternatives

- Strengthening democracy by increasing the political participation of middle-aged

- Protect Overseas Koreans' Rights and Establish Peace Cooperation System on the Korean Peninsula

- To win the general election for the Democratic Party and re-creation of the regime

- Expanding the Democratic Party organization by discovering and nurturing youth politicians by region

Plans

- Expansion of Domestic and Overseas Organizations

- Current policy discussions, seminars, meetings

- Regional / Overseas conference

- Proposal on current policy for 4050s

- Find and recruit future competent

- Friendly Membership

- Social Contribution (Domestic / Overseas)

Purpose

- Establish a new Peninsula system that will lead our history

Declaration of Support for
Inter-Korean Peace and Cooperation

For the construction of a permanent peace regime on the Korean Peninsula, the new 100-year peace on the Korean Peninsula is "Together with Citizens, Together with South&North Korea, to end confrontation and conflict and create a peace together. It is a starting concept of "New Korean Peninsula".

The Democratic Party, 4050 Special Committee declares that;

> One. We support the permanent peace regime on the Korean Peninsula through the 9.19 Declaration.
> One. We support the restoration of the Korean Peninsula community through private cultural exchanges.
> One. We support the peace for Korean Peninsula through economic cooperation.

2019.3.30.

Democratic Party 4050 Special Committee
[Declared at Goseong Unification Observatory]

Application form to join
Democratic Party 4050 Special Committee

Division	1. Deputy Chairman ( ) Overseas Advisory Group ( ) 2. Regional Group ( ) Branch Chairperson ( ) Committee Member ( ) 3. Support Group ( ) 4. Others ( )			(Photo)
Name	In Korean)	Sex		
	In Other Language)	Age		
Personal ID Number				
Address				
Job				
Applicable	Representative( ) Rights Membe( ) Member( )			
Contact	(Mobile)		(Office)	
E-Mail				

I am applying to join the Democratic Party 4050 Special Committee.

– Personal information is protected by the Privacy Act

Date: Name: Sign:

Recommender:

The Democratic Party 4050 Special Committee
Consent to and Use of Personal Information

1. The Democratic Party 4050 Special Committee shall not use the personal information classified as below for other purposes or provide it to third parties.

1) The personal information will be used to manage human resources from the date of submission until the person withdraws.

2) The listed personal Information is restricted from viewing outsiders

3) If you refuse to consent to the collection or use of personal information listed in the application form, and you refuse to consent to the collection and use of general information (personal information, contact information, etc.), to join the Democratic Party 4050 Special Committee. Please note that you can not join the Committee.

4) By submitting your application to join the Democratic 4050 Special Committee, you must be aware that if you act in violation of the purpose and operation of the Democratic 4050 Special Committee, you will be excluded from the 4050 Special Committee

5) Fully understand the contents of paragraphs 1 to 4 above and agree to the collection and use of personal information.

Date: Name: Sign:

Reinforcement of protection & Expanding in Supporting Overseas Koreans

Goal

• Systematic Overseas Korean Protection System

• Activation of Korean Global Network

• Strengthening the protection of Korean citizens staying abroad

Contents

• Overseas Koreanl Protection

• Overseas Korean Identity Education

• Exchange of invitations to the motherland, including Korean language, history, culture, and education

• Discovering future Competent

• Global Korean Network activation

• Support for Overseas Koreans

• Integrated Electronic Administration System (G4K) for Overseas Koreans

Effects

• Enhancement of Korean National Safety Protection

• Fostering Overseas Koreans' Identity and Strengthening their Capabilities

• Enhancement of Overseas Koreans Status and Strengthening Protection

• Support youth to have an opportunity & settle in overseas

4050 Organizational Chart

Composition Purpose

• Expanding Organization by building domestic and overseas network

Organizational Goal

• 45 goups (symbol:4050)

Organization Status

• Vice-Chairman, Overseas Youth Advisory Group, Gyeonggi Regional Group, Jeonbuk Regional Group, Jeju Regional Group, National Organization,

• Policy Advisory Group, Skilled Advisory Group, Start-up Advisory Group, Contract Worker Advisory Group, Small-Medium Company Advisory Group, Public Relations

• Planning Advisory Group, Communication School, Educational Support Group, Health Support Group, Parent Support Group, Women Support Group, Multicultural Support Group, Youth Support Group, (19 groups)

Operating Direction

• Network of future generations, youth, seniors, and overseas Koreans

• 4050 Issues & Solution (Living Economy, Social Contribution, Others)

• Operate mainly through Regional, overseas, support and advisory groups

• Support General election

• Become 4050 National Committee

• Foster 100,000 members of the 4050 Committee

Application for the Discussion Session

Please submit a proposal by February 20 2020 If you want to promote a debate, such groups can be: policy advisory group, founder's advisory group, or educational support group. The debate runs from May to December

---

Discussion proposal

Discussion Title:

Discussion Schedule:

Purpose of discussion:

Main Content :

enefit :

Budget Required:

Submitted by :   **Sign:**   **Date:**

Opening 4050 through Social Contribution

1. Opening the Community by Social Contribution

- Event: Culture contains Love

- Date: May 2020

- Hosted by: Director of Multicultural Group, Director of Disability Group, Director of Social Contribution Group, Director of Culture & Arts Group, Director of Communication School,

- Host: 4050 Special Committee, Vice-Chairmen, Regional Groups, Support Groups, Advisory Groups,

- Participants: More than 500

- Place: TBA

2. 4050 Publishing Event

- Date: June 2020

- Part 1 Event: The Girl Award Contains 4050

- Second Event: 4050 Publishing Celebration

- Part 3 Awards Ceremony, plaque of appreciation. Citation

- 4th Dinner: Up Yeon

- Participants: More than 1,500 people

3. Public Welfare Discussion

4. Startup Forum

5. Other

Annual Plan for Upcoming Events

Some events are not confirmed yet. Applications are required to confirm the event.

Month	Events	Event Detail	Note
Jan	– 4050 New Year meeting	2020.01.10 Fri @ Suwon City	Done
Feb	– Committee expansion & Recommendations	COVID–19	COVID–19
Mar	– Book publication : Submission of Contents	– Submission of Contents separately	COVID–19
Apr	– 4.15 General election	Social Distancing	Support General Election
May	– With culture and love	Social Distancing	COVID–19
Jun	– 4050 Publishing Event	– Publishing Event, Launching Events	
Jul	– Policy seminar	Depends on : COVID–19	Depends on : COVID–19
Aug	– Party : National Convention – 4050 Workshop	–	–
Sep	– Policy seminar	–	–
Oct	– Volunteer service	–	–
Nov	– Policy seminar – Mountain hiking	–	–
Dec	– New Year meeting	2021 Year meeting	TBA

1. Contents are required for publication for 4050 book & Publishing Event
2. Please provide contents including photos, for Regional group, Support group, Advisory Group.

07

활동을 담다

1. 4050특별위원회 출범식

2019년 2월 21일

축사

- 일시 : 2019년 2월 21일(목) 오전 11시
- 장소 : 중앙당 2층 대강당

여러분, 이렇게 뵙게 되어 대단히 반갑다. 4050이라고 해서 나이 들었을 것 같은데 와서 보니까 20대, 30대처럼 보인다. 그동안 출범 준비를 해 주신 임종성 위원장님과 박정균 수석부위원장님을 비롯한 여러분들 수고 많이 하셨다. 고맙다.

40대는 보통 '불혹(不惑)'이라고 이야기하고, 50대는 '지천명(知天命)'이라고 이야기하는데, 불혹하시는 분 있으면 손들어 보라. 이 시대의 '천명(天命)'이 무엇이라고 생각하시나? 저는 '정권 재창출'이라고 생각한다.

올해가 2019년인데 3·1운동 100주년, 임시정부 수립 100주년이다. 그리고 박정희 정권을 무너뜨린 부마항쟁 40주년이다. 역사적으로 굉장히 의미가 있는 해인데, 그것으로 끝나는 것이 아니고 27일 북미회담이 잘 되고, 김정은 위원장이 답방을 하면 남북정상회담이 이루어질 것이고 그렇게 해서 70년 분단사가 종식을 고하는 매우 중요한 해라고 본다. 우리 현대사가 해방과 동시에 분단이 되었기 때문에, 그리고 6·25 전쟁이라는 큰 희생을 치른 전쟁을 치렀기 때문에, 우리 현대사는 매우 굴절되어 있다.

자유당의 이승만 정권, 박정희의 공화당 정권, 전두환의 민정당 정권, 이 정권들이 우리 현대사를 분단 속에서 굉장히 왜곡시킨 현대사에 살았기 때문에 이념적으로나 정서적으로나 굉장히 위축된 사회 속에서 살아 왔다. 비록 김대중 대통령, 노무현 대통령이 남북정상회담을 통해서 혈로를 뚫긴 했지만 이명박 대통령, 박근혜 대통령이 다시 차단을 하면서 잠시 뚫렸던 혈로가 다시 막히는 그런 현대사 속에서 살아 왔다.

(출처: 뉴시스)

그런데 문재인 대통령이 출범하면서 정상회담을 3번이나 했고, 올해 이뤄지면 4번째 정상회담이 이루어지고, 대통령의 임기가 3년 이상 남아 있기 때문에 이제는 역진하지 않고 곧바로 갈 수 있는 아주 좋은 기회를 잡았다.

아마 100년에 한 번쯤 올 그런 기회라고 저는 생각한다. 이 기회를 놓치면 다시는 이런 기회를 잡기 어렵다. 이 기회를 살려서 분단사에 종지부를 찍고 평화공존체제로 넘어가는,

(출처 : 청와대 카드 뉴스)

그리하여 한반도 8천만 민족이 서로 평화롭게 살 수 있는 대한민국을 만드는 일이 우리에게 주어진 과제이고, 그런 대한민국은 우리가 2020년 21대 총선에서 압승을 거두고 이를 기반으로 2022년 대통령 선거에서 재집권을 함으로써 한반도 평화를 가져오는 앞으로의 100년이 전개되기 시작한다고 생각한다.

자유한국당 전당대회 하는 것 보셨는가? 거기에서 말하는 내용이나 하는 행위들을 보면 그분들에게 대한민국의 미래를, 장래를 맡길 수 있겠는가?(없다.) 비록 우리가 부족하다 하더라도 우리가 최선을 다해서 재집권함으로서 실제로 새로운 100년을 열어 나갈 기틀을 만들 수 있다고 생각한다.

저도 북한, 평양 사람들을 2000년부터 지금까지 20년간 만나오고 대화를 많이 해 왔는데 전혀 우리와 다른 사람들이 아니다. 똑같은 사람들이다. 음식도 똑같고, 말도 똑같고, 생각도 보통 사람들이다. 그동안 잘못된 냉전체제의 의식 때문에 서로 간에 경계심을 가지고 대화를 안 하고 살아왔을 뿐이지 실제로 만나보면 똑같은 한 민족이다. 민족이 분단이 되어서 여러 가지 어려움을 겪었다. 우리가 1년에 45조를 국방비로 쓰고 있다. 정상적인 나라라면 20조 정도 쓰는 것이 정상이다. 유럽 국가보다 우리가 1.5배 내지 2배를 더 쓰고 있는 것이다. 20조만 국방비로 쓰고 복지 정책이나 교육에 남는 돈을 쓴다면 국민들 삶의 질이 완전히 달라질 것이다.

무려 70년 동안 저렇게 해 왔다. 분단의 질곡을 벗어나서 분단이 준 여러 가지 장애물을

걷어내는 것이 우리 민주당이 해야 할 큰 역사적 과제라고 생각한다.

이 시대의 '천명'이 무엇인가를 정확하게 인식하고 실천하는 4050특별위원회가 되시기를 진심으로 부탁드린다.

2019년 2월 21일

당 대표 이해찬

임종성 위원장 축사

임종성 의원 "단순한 세대 대표성을 넘어, 세대를 잇는 가교 역할 해낼 것"

지난 21일 더불어민주당 여의도 중앙당사 2층 대강당에서 40대, 50대 당원들을 대표할
'4050특별위원회'(위원장 임종성 국회의원)가 출범했다. 임종성 위원장을 주축으로 민주
당 4050특별위원회는 본격적인 활동을 시작했다.

4050특별위원회 역할을 보면 ▲청년층과 노년층을 잇는 가교 역할 ▲더불어민주당 확
장을 위한 디딤돌 역할 ▲세대간 현안 공유 및 정책 발굴, 대안 제시 ▲중·장년층의 정
치 참여 확대로 민주주의 강화 ▲총선 승리와 정권 재창출을 위한 더불어민주당 선봉 역

할 ▲광역별 청년 정치인 발굴과 육성으로 더불어민주당 조직 확대 등 같은 활동이다.

임종성 위원장은 "4050특위는 단순히 세대를 대표하는 것만이 아닌 더불어민주당의 허리로서, 중추로서 활동을 더욱 활성화하기 위해 만들어졌다"면서 "청년층과 노년층

을 잇는 가교 역할은 물론, 청년지도자를 세우고, 노년층의 애로를 살피며, 4050세대의 현안을 발굴하고 정책화하는 활동을 할 것"이라고 활동 방향을 밝혔다.

2. 4050특별위원회 출범식 언론 보도

더불어민주당 이해찬 대표가 21일 "이 시대 천명은 정권 재창출"이라며 "2022년 대통령 선거에서 재집권함으로써 한반도 평화를 가져오는 100년을 전개할 것"이라고 말했다.

3·1절 앞둔 與 "재집권으로 새로운 100년을"

(출처 : 연합뉴스 TV)

네이버 검색

뉴스핌 - 민주당 **4050특별위** 출범... **이해찬** "재집권해 평화 이어가야"
http://www.newspim.com/news/view/20190221000580 ▾
[서울=뉴스핌] 이형석 기자 = **이해찬** **더불어민주당 대표**가 21일 오전 서울 여의도 당사에서 열린 **40-50 특별위원회** 출범식에서 **축사**를 하고 있다. 2019.02.21 leehs..., 민주넷 **특별위원회**의 후신이다. **특별위 위원장**을 맡은 임종성 **민주당** 의원은 "사실 40...
뉴스핌   5일 전

이해찬 대표, 40-50특별위원회 출범식 축사 - 국회의원,입법부 보도자료(상....
https://www.nanet.go.kr/lowcontent/assamblybodo/selectAssemblyBodoData,... ▾
제목 **이해찬 대표**, 40-50특별위원회 출범식 축사 기관명 **더불어민주당** 보도일 2019-02... **4050**이라고 해서 나이 들었을 것 같은데 와서 보니까 20대, 30대처럼 보인다. 그동안 출범 준비를 해 주신 임종성 **위원장**님과 박종균 수석부**위원**장님을 비롯한 여러분들...
국회도서관   5일 전

[광주] **더불어민주당** '**4050특별위원회**' 출범 - 교차로저널
http://www.kocus.com/news/articleView.html?idxno=403038 ▾
육성으로 **더불어민주당** 조직 확대로 삼고 이와 같은 활동을 이어나갈 것이라고 설명했다. 특히 이 자리에는 **이해찬 당 대표**, 이석현 전 국회부의장 등 당내 주요 인사들이 참석 **4050특별위원회** 출범에 힘을 더했다. **이해찬 대표**는 축사를 통해...
5일 전

[사진] **이해찬 대표**, **4050 특별위원회** 출범식 축사 - 뉴스 > 뉴스속보 :: 씽....
http://stock.thinkpool.com/news/newsFlash/read/newsFlash.do?sn=1310062,... ▾
뉴스속보 [사진] **이해찬 대표**, **4050 특별위원회** 출범식 축사 뉴스핌 | 2019-02-21 11:54:00 [서울=뉴스핌] 이형석 기자 = **이해찬 더불어민주당 대표**가 21일 오전 서울 여의도 당사에서 열린 **4050 특별위원회** 출범식에서 **축사**를 하고 있다. 2019.02.21 leehs@newspim,...
5일 전

[사진] **이해찬 대표**, **4050 특별위원회** 출범식 축사 - 뉴스 > 포토뉴스 :: 씽....
http://stock.thinkpool.com/news/photoNews/read/photoNews.do?sn=1310062,... ▾
포토뉴스 [사진] **이해찬 대표**, **4050 특별위원회** 출범식 축사 뉴스핌 | 2019-02-21 11:54:00 [서울=뉴스핌] 이형석 기자 = **이해찬 더불어민주당 대표**가 21일 오전 서울 여의도 당사에서 열린 **4050 특별위원회** 출범식에서 **축사**를 하고 있다. 2019.02.21 leehs@newspim,...
5일 전

[사진] 축사 하는 **이해찬 더불어민주당 대표** - 뉴스 > 뉴스속보 :: 씽크풀
http://stock.thinkpool.com/news/newsFlash/read/newsFlash.do?sn=1310062,... ▾
뉴스속보 [사진] 축사 하는 **이해찬 더불어민주당 대표** 뉴스핌 | 2019-02-21 11:55:00 [서울=뉴스핌] 이형석 기자 = **이해찬 더불어민주당 대표**가 21일 오전 서울 여의도 당사에서 열린 **4050 특별위원회** 출범식에서 **축사**를 하고 있다. 2019.02.21 leehs@newspim.com,...
5일 전

뽐뿌:자유게시판 - **이해찬**, '40-50 특위' 출범 "정권 재창출, 이 시대의 천....
http://www.ppomppu.co.kr/zboard/view.php?id=freeboard&no=6308779 ▾
이해찬 더불어민주당 대표가 21일 **4050 특별위원회**를 출범하고 "정권 재창
뽐뿌   4일 전

이해찬 대표, 40·50특별위원회 출범식 축사 - 더불어민주당
http://theminjoo.kr/briefingDetail.do?bd_seq=137234 ▾
소식 논평 · 브리핑 논평 · 브리핑 더불어민주당의 메시지를 보실 수 있습니다. **이해찬 대표**, 40·50**특별위원**
회 출범식 축사 프린트복사하기 등록일 2019-02-21 조회수 84... 그동안 출범 준비를 해 주신 임종성 **위원**장님
과 박종균 수석부**위원**장님을 비롯한...
더불어민주당   5일 전

"우리가 민주당의 버팀목" 더불어민주당 '4050특별위원회' 출범:탄천뉴....
http://tcnews.kr/15677 ▾
육성으로 **더불어민주당** 조직 확대로 삼고 이와 같은 활동을 이어나갈 것이라고 설명했다. 특히 이 자리에는
이해찬 당 대표, 이석현 전 국회부의장 등 당내 주요 인사들이 참석 **4050특별위원회** 출범에 힘을 더했다. **이**
해찬 대표는 축사를 통해...

더불어민주당 '4050특별위원회' 출범 - 시사매거진
http://www.sisamagazine.co.kr/news/articleView.html?idxno=178189 ▾
육성으로 **더불어민주당** 조직 확대로 삼고 이와 같은 활동을 이어나갈 것이라고 설명했다. 특히 이 자리에는
이해찬 당 대표, 이석현 전 국회부의장 등 당내 주요 인사들이 참석 **4050특별위원회** 출범에 힘을 더했다. **이**
해찬 대표는 축사를 통해...

민주당 '4050특위' 출범···"우리가 민주당 버팀목":매일건설신문
http://www.mcnews.co.kr/sub_read.html?uid=65049 ▾
최종편집: ▲더불어민주당 이해찬 당대표와 4050특별위원회 위원들이 임명장을 받고 기념사진을 찍었다.
© 매일건설신문... 참석 **4050특위** 출범에 힘을 더했다. **이해찬 대표**는 축사를 통해 "흔히 50세를 지천명이
라 하는데 저는 천명을 정권...

청년·노년세대 가교··· 민주, 4050특위 출범 - 경기신문
http://www.kgnews.co.kr/news/articleView.html?idxno=541199 ▾
육성으로 **더불어민주당** 조직 확대로 삼고 이와 같은 활동을 이어나갈 것이라고 설명했다. 특히 이 자리에는
이해찬 당 대표, 이석현 전 국회부의장 등 당내 주요 인사들이 참석 **4050특별위원회** 출범에 힘을 더했다. **이**
해찬 대표는 축사를 통해...
경기신문   5일 전

이해찬 "이 시대의 천명은 한반도 평화 위한 민주당 정권 재창출"
http://businesspost.co.kr/BP?command=mobile_view&num=115342 ▾
40·50**특별위원회** 출범식에서 축사를 하고 있다.<연합뉴스> **이해찬** 더불어민주당 **대표**가 정권 재창출을 향
한 의지를 보였다.... 이 **대표**는 21일 여의도 당사에서 열린 **더불어민주당 4050 특별위원회** 출범식에 참석
한 자리에서 "이 시대의 천명은 정권...
5일 전

이해찬 "이 시대의 천명은 한반도 평화 위한 민주당 정권 재창출"
http://businesspost.co.kr/BP?command=article_view&num=115342 ▾
40·50**특별위원회** 출범식에서 축사를 하고 있다.<연합뉴스> **이해찬** 더불어민주당 **대표**가 정권 재창출을 향
한 의지를 보였다.... 이 **대표**는 21일 여의도 당사에서 열린 **더불어민주당 4050 특별위원회** 출범식에 참석
한 자리에서 "이 시대의 천명은 정권...

더불어민주당 '4050특별위원회' 출범 - KJT뉴스

http://www.kjtimes.net/news/articleView.html?idxno=114249 ▾

21일 **더불어민주당** 여의도 중앙당사 2층 대강당에서 40대, 50대 당원들을 **대표**할 '**4050 특별위원회**'(위원장 임종성 국회의원)가 출범했다. 임종성 **위원**장을 주축으로... 4050특위에 참석한 **이해찬 대표**는 축사를 통해 "흔히들 50세를 지천명이라 하는데...

4일 전

이해찬 대표, 40·50특별위원회 출범식 축사 - 국회의원,입법부 보도자료(상....

http://www.nanet.go.kr/lowcontent/assamblybodo/selectAssemblyBodoDetai.... ▾

제목 **이해찬 대표**, 40·50**특별위원회** 출범식 축사 기관명 **더불어민주당** 보도일 2019-02... **4050**이라고 해서 나이 들었을 것 같은데 와서 보니까 20대, 30대처럼 보인다. 그동안 출범 준비를 해 주신 임종성 **위원**장님과 박종균 수석부**위원**장님을 비롯한 여러분들...

국회도서관   5일 전

민주당 '4050 특별위원회' 출범…위원장 임종성 의원 - 뉴스웍스

http://www.newsworks.co.kr/news/articleView.html?idxno=338327 ▾

이해찬 대표는 축사를 통해 "흔히들 50세를 지천명이라 하는데 저는 천명을 정권... 임종성 **4050특별위원회 위원**장은 "'**4050특위**'는 단순히 세대를 **대표**하는 것만이 아닌 **더불어민주당**의 허리로서, 활동을 활성화하기 위해 만들어졌다"면서...

5일 전

"우리가 민주당의 버팀목" 더불어민주당 '4050특별위원회' 출범 > 뉴스....

http://newssunday.co.kr/bbs/board.php?bo_table=news&wr_id=35962 ▾

기자]**더불어민주당**의 40대, 50대 당원들을 **대표**할 '**4050 특별위원회**'(위원장 임종성... **더불어민주당 대표** 특히 이 자리에는 **이해찬** 당**대표**, 이석현 전 국회부의장 등 당내 주요 인사들이 참석 4050특별위원회 출범에 힘을 더했다. **이해찬 대표**는 축사를...

5일 전

민주당 '4050특위' 출범…"우리가 민주당 버팀목":매일건설신문

http://www.mcnews.co.kr/65049 ▾

최종편집: ▲ **더불어민주당 이해찬** 당대표와 **4050특별위원회 위원**들이 임명장을 받고 기념사진을 찍었다. © 매일건설신문... 참석 4050특위 출범에 힘을 더했다. **이해찬 대표**는 축사를 통해 "흔히들 50세를 지천명이라 하는데 저는 천명을 정권...

이해찬 "이 시대의 천명은 한반도 평화 위한 민주당 정권 재창출" - 비즈....

http://www.businesspost.co.kr/BP?command=mobile_view&num=115342 ▾

40·50**특별위원회** 출범식에서 축사를 하고 있다.〈연합뉴스〉 **이해찬 더불어민주당 대표**가 정권 재창출을 향한 의지를 보였다.... 이 **대표**는 21일 여의도 당사에서 열린 **더불어민주당 4050 특별위원회** 출범식에 참석한 자리에서 "이 시대의 천명은 정권...

비즈니스포스트   5일 전

교차로저널 모바일 사이트, [광주] 더불어민주당 '4050특별위원회' 출범

http://m.kocus.com/news/articleView.html?idxno=403038 ▾

육성으로 더불어민주당 조직 확대로 삼고 이와 같은 활동을 이어나갈 것이라고 설명했다. 특히 이 자리에는 이해찬 당 대표, 이석현 전 국회부의장 등 당내 주요 인사들이 참석 4050특별위원회 출범에 힘을 더했다. 이해찬 대표는 축사를 통해...

5일 전

"우리가 민주당의 버팀목" 더불어민주당 '4050특별위원회' 출범

http://www.siminpress.co.kr/?m=bbs&bid=m2&uid=50779

육성으로 더불어민주당 조직 확대로 삼고 이와 같은 활동을 이어나갈 것이라고 설명했다. 특히 이 자리에는 이해찬 당 대표, 이석현 전 국회부의장 등 당내 주요 인사들이 참석 4050특별위원회 출범에 힘을 더했다. 이해찬 대표는 축사를 통해 "흔히들...

"우리가 민주당의 버팀목" 더불어민주당 '4050특별위원회' 출범:경기연....

http://kgyonhapnews.net/3527 ▾

육성으로 더불어민주당 조직 확대로 삼고 이와 같은 활동을 이어나갈 것이라고 설명했다. 특히 이 자리에는 이해찬 당 대표, 이석현 전 국회부의장 등 당내 주요 인사들이 참석 4050특별위원회 출범에 힘을 더했다. 이해찬 대표는 축사를 통해...

4일 전

"우리가 민주당의 버팀목" 더불어민주당 '4050특별위원회' 출범:내외시....

http://www.inoutsisanews.com/sub_read.html?uid=7514 ▾

육성으로 더불어민주당 조직 확대로 삼고 이와 같은 활동을 이어나갈 것이라고 설명했다. 특히 이 자리에는 이해찬 당 대표, 이석현 전 국회부의장 등 당내 주요 인사들이 참석 4050특별위원회 출범에 힘을 더했다. 이해찬 대표는 축사를 통해...

이해찬 "이 시대의 천명은 한반도 평화 위한 민주당 정권 재창출" - 비즈....

http://www.businesspost.co.kr/BP?command=article_view&num=115342 ▾

40·50특별위원회 출범식에서 축사를 하고 있다.〈연합뉴스〉 이해찬 더불어민주당 대표가 정권 재창출을 향한 의지를 보였다. 이 대표는 21일 여의도 당사에서 열린 더불어민주당 4050 특별위원회 출범식에...

비즈니스포스트

"우리가 민주당의 버팀목" 더불어민주당 '4050특별위원회' 출범:내외시....

http://www.inoutsisanews.com/7514 ▾

육성으로 더불어민주당 조직 확대로 삼고 이와 같은 활동을 이어나갈 것이라고 설명했다. 특히 이 자리에는 이해찬 당 대표, 이석현 전 국회부의장 등 당내 주요 인사들이 참석 4050특별위원회 출범에 힘을 더했다. 이해찬 대표는 축사를 통해...

임종성의원, "우리가 민주당의 버팀목" 더불어민주당 '4050특별위원회',....

http://www.nwtnews.co.kr/news/articleView.html?idxno=39593 ▾

육성으로 더불어민주당 조직 확대로 삼고 이와 같은 활동을 이어나갈 것이라고 설명했다. 특히 이 자리에는 이해찬 당 대표, 이석현 전 국회부의장 등 당내 주요 인사들이 참석 4050특별위원회 출범에 힘을 더했다. 이해찬 대표 축사 이해찬 대표는...

4일 전

"우리가 민주당의 버팀목" 더불어민주당 '4050특별위원회' 출범

https://blog.naver.com/ak_2010/221471494283

기자]더불어민주당의 40대, 50대 당원들을 대표할 '4050 특별위원회'(위원장 임종성... 더불어민주당 대표 특히 이 자리에는 **이해찬 당 대표**, 이석현 전 국회부의장 등 당내 주요 인사들이 참석 **4050특별위원회** 출범 에 힘을 더했다. **이해찬 대표**는 축사를...

네이버 블로그   5일 전

임종성 의원 "단순한 세대 **대표**성을 넘어, 세대를 잇는 가교역할 해낼 것"...

https://www.kfm.co.kr/?m=blog&blog=news&uid=9334264 ▾

[KFM 경기방송=엄인용기자]더 민주당의 40대, 50대 당원들을 **대표할 '4050 특별위원회'(위원장** 임종성 국 회의원)가 출범했습니다. 더 민주당 4050특별위원회는 어제 **더불어민주당** 중앙당 2층 대강당에서 출범식을 갖고, 본격적인 활동을 시작했습니다. 이 자리에서

KFM 경기방송

더민주당 4050특별위 출범 - 투데이광주하남

http://www.tgh.kr/news/articleView.html?idxno=12167 ▾

육성으로 더불어민주당 조직 확대로 삼고 이와 같은 활동을 이어나갈 것이라고 설명했다. 특히 이 자리에는 **이해찬 당 대표**, 이석현 전 국회부의장 등 당내 주요 인사들이 참석 **4050특별위원회** 출범에 힘을 더했다. **이해찬 대표**는 축사를 통해...

4일 전

"우리가 민주당의 버팀목" 더불어민주당 '4050특별위원회' 출범

https://blog.naver.com/cast2120034/221471494274

기자]더불어민주당의 40대, 50대 당원들을 대표할 '4050 특별위원회'(위원장 임종성... 더불어민주당 대표 특히 이 자리에는 **이해찬 당 대표**, 이석현 전 국회부의장 등 당내 주요 인사들이 참석 **4050특별위원회** 출범 에 힘을 더했다. **이해찬 대표**는 축사를...

네이버 블로그   5일 전

[경기광주을 임종성] 청년·노년세대 가교… 민주, 4050특위 출범

https://blog.naver.com/ijs5321/221472358815

육성으로 **더불어민주당** 조직 확대로 삼고 이와 같은 활동을 이어나갈 것이라고 설명했다. 특히 이 자리에는 **이해찬 당 대표**, 이석현 전 국회부의장 등 당내 주요 인사들이 참석 **4050특별위원회** 출범에 힘을 더했다. **이 해찬 대표**는 축사를 통해 "흔히들...

네이버 블로그   4일 전

선데이뉴스신문

http://www.newssunday.co.kr/ ▾

특강에는 대통령 소속 자치분권**위원**회 재정분권 분과**위원**장을 역임하고 있는 이재은... 최고**위원** 출마자 뿐 아니라 당**대표**가 유력한 후보도 국민 눈높이에 한참 못 미치는 수구적이고 시대착오적 발언을 되풀이하고 있 다고 **더불어민주당** 홍익표 수석대변인은

다음 검색

더불어민주당 '4050특별위원회' 출범 2019.02.22 시사매거진

2층 대강당에서 **출범식**을 갖고, 본격적인 활동을 시작했다.이 자리에서 **4050특별위원회**는 **위원회**의 역할을 ▲청년층과 노년층을 잇는 가교 역할 ▲**더불어민주당** 확장을 위한...

> ∟ "우리가 민주당의 버팀목" 더불어민주당 '4050... 2019.02.21 선데이뉴스신문
> ∟ "우리가 민주당의 버팀목" 더불어민주당 '4050... 2019.02.21 데일리시사닷컴
> ∟ 임종성의원, "우리가 민주당의 버팀목" 더불어민... 2019.02.22 내외통신

관련뉴스 **5**건 전체보기 >

이해찬 "이 시대의 천명은 한반도 평화 위한 민주당 정권 재창출" 2019.02.21 비즈니스포스트

재창출을 향한 의지를 보였다.이 대표는 21일 여의도 당사에서 열린 **더불어민주당 4050 특별위원회 출범식**에 참석한 자리에서 "이 시대의 천명은 정권 재창출"이라며 "21대...

민주당 4050특별위 출범... 이해찬 "재집권해 평화 이어가야" 2019.02.21 뉴스핌

이해찬 더불어민주당 대표가 21일 오전 서울 여의도 당사에서 열린 40-50 **특별위원회 출범식**에서 축사를 하고 있다. 2019.02.21 leehs@newspim.com 이 대표는 "(현재 남북...

청년·노년세대 가교… 민주, 4050특위 출범 2019.02.21 경기신문

2층 대강당에서 **출범식**을 갖고, 본격적인 활동을 시작했다.이 자리에서 **4050특별위원회**는 **위원회**의 역할을 ▲청년층과 노년층을 잇는 가교 역할 ▲**더불어민주당** 확장을 위한...

이해찬 "다시 재집권해야, 한국당에 나라 맡길 수 있겠나" 2019.02.21 뷰스앤뉴스

이해찬 더불어민주당 대표는 21일 "지금 자유한국당 전당대회를 봤는가. 거기서 말하는...오전 당사에서 열린 당 **4050특별위원회 출범식**에서 이같이 말하며 "비록 우리가...

임종성 의원 "단순한 세대 대표성을 넘어, 세대를 잇는 가교역할 ...
2019.02.22 경기방송

대강당에서 **출범식**을 갖고, 본격적인 활동을 시작했습니다. 이 자리에서 **4050특별위원회**는 **위원회**의 역할을 ▲청년층과 노년층을 잇는 가교 역할 ▲**더불어민주당** 확장을...

'태극기 부대' 점령…극우 놀이판 한국당 어디로 2019.02.25 주간현대

±4.4%포인트다. **이해찬 더불어민주당** 대표는 2월21일 오전 당사에서 열린 당**4050특별위원회 출범식**에서 "지금 자유한국당 전당대회를 봤는가. 거기서 말하는 내용이나...

민주, 한국당 공세에 '관심종자·극우정당' 맞대응…'위기를 기...
2019.02.21 아주경제신문

총회 중 대화하고 있다. [사진=연합뉴스]**더불어민주당**이 자유한국당 공세를 정면으로...있는 것이다.**이해찬 민주당** 대표는 21일 열린 **민주당 4050특별위원회 출범식**에 참석...

3. 워크숍, 세미나, 발대식, 활동자료, 신년회 등

4050특별위원회 워크숍

2019. 3. 29

2019년 3월 29일부터 양일 간, 강원도 속초에서는 '더불어민주당 4050특별위원회 워크샵'이 개최됐습니다. 어떻게 하면 우리가 청년과 노년층을 잇는 가교 역할을 해낼 수 있을까? 또 우리가 어떻게 하면 더불어민주당과 대한민국의 발전에 기여할 수 있을까?

4050특별위원회 임종성 위원장님의 축사에 이어서 김비오 부위원장님과 이동기 부위원장님의 유익한 강연으로 시작하여 밤 늦게까지 이어진 토론과 대화 속에서, 우리는 그 해답을 찾기 위해 노력했습니다. 또, 이튿날이던 오늘은 이른 아침부터 통일전망대를 찾아, '남북평화협력 지지선언문'을 낭독하고 4050특위가 남북평화협력의 디딤돌로 거듭날 것을 다짐하기도 했습니다. 더불어민주당의 일원으로서 청년층과 노년층의 가교가 되고, 나아가 세대 간 현안들을 발굴하고 해결해 우리 사회에 기여하겠다는 4050특별위원회가 정식으로 출범한 지 한 달이 흘렀습니다. 모쪼록 오늘의 워크샵이, 다양한 활동과 연구를 수행할 우리 4050특별위원회가 화합과 함께 결의를 다지는 시간이 되었기를 소망합니다.

남북평화협력 지지 선언문

우리가 주도하는 한반도의 항구적 평화체제 구축과 평화를 기반한 번영의 출발선을 위하여, 새로운 100년 시대 한반도 평화는 "국민과 함께", "남북이 함께" 대립과 갈등을 끝내고 평화 협력공동체를 만들어 나가는 것이 「新한반도체제」 구상의 디딤돌이다.

더불어민주당4050특별위원회는 그 디딤돌이 되기 위해 다음과 같이 선언한다.

    하나. 9.19 선언을 통한 한반도 항구적 평화체제를 지지한다.

    하나. 민간문화교류를 통한 한반도 공동체 회복을 지지한다.

    하나. 경제협력교류를 통한 한반도 평화협력공동체를 지지한다.

2019. 3. 30.

더불어민주당 4050특별위원회 일동

고성 통일전망대에서

정책 세미나

4050 대한민국을 말하다. 생태건축가가 바라본 도시재생

2019. 4. 1.

4050특별위원회(위원장 임종성)는, 생태건축가 도시재생 토론회를 개최했다.

임종성 의원(4050특위 위원장)은 인사말을 통해 생태건축가의 관점에서 바라본 도시쟁생은 자연과 조화를 통해 도시를 되살리는, 새로운 방식의 집근이 될 수 있다고 본다며 특히, 미세먼지로 대표되는 각종 기후변화 등을 생각하면, 생태건축학적 도시재생이야말로 미래 세대를 위한 지속 가능한 도시재생의 대표적인 모델이 될 수 있을것이라고 밝혔다.

토론의 좌장인 김창섭 교수(사단법인 한국생태환경건축학회 회장)는 이제껏 여러 방식의 도시재생 정책과 지역 및 마을 살리기 정책이 수립·시행돼 왔으나 균형적 도시재생 정책을 제시하지 못했다며 보다 통합적이고 균형 잡힌 정책적 의제 설정이 필요하다고 강조했다.

더불어민주당4050특별위원회는 대한민국의 허리라고 할 수 있는 4050세대들의 목소리를 하나로 모으고 그들의 전문성을 적극 활용해 좋은 정책을 발굴 제안하고자 토론회를 주관했다.

정책 세미나

4050 대한민국을 말하다

2019. 6. 3.

4050특별위원회 임종성 위원장 "항공보안 강화 대책 마련과 종사자 전문성 강화의 씨앗이 되길"

항공보안을 강화하기 위한 종사자 자격제도 도입을 논의하는 토론회가 국회에서 열렸습니다.

더불어민주당 4050특별위원회(위원장 임종성)와 안호영 국회의원이 공동주최하고 (사)대한민국 항공보안협회와 항공보안포럼이 주관한 「항공보안 강화를 위한 종사자 자격제도 도입, 어떻게 할 것인가?」 토론회가 국회 의원회관에서 개최됐습니다.

토론회는 한서대학교 항공보안시스템학과의 소대섭 교수가 좌장을 맡았으며, 한국항공대학교 교수이자 항공보안포럼 위원장인 황호원 교수가 국토부의 '항공보안종사자 자격제도 도입방안 연구' 용역 결과를 토대로 항공보안검색사 자격제도 도입 과정에서 검토해야 될 여러 사항들에 대해 발제했습니다.

발제를 맡은 황 교수는 "최근 지속적으로 증가하는 항공 수요를 감당하기 위해서는 항공보안종사자들의 전문성 강화가 필수"라며 "정규직으로 전환된 보안종사자들의 책임성 강화와 기관별로 다른 개별 인증평가로 인한 편차 해소 등을 위해 종사자들에 대한 자격제도 도입이 절실하다"고 강조했습니다.

토론회를 주최한 더불어민주당 4050특별위원회 임종성 위원장은 "항공시장이 성장하는 만큼 최근에는 항공보안을 위협하는 사례 또한 증가하고 있다"면서 "토론회에서 나온 소중한 의견들을 토대로 항공안전을 확보할 정책방안을 모색할 것"이라고 밝혔습니다.

정책자문단 발대식

2019. 6. 25.

40대, 50대를 대변하는 더불어민주당 4050특별위원회(위원장 : 임종성 의원)의 정책자문단은 2019년 6월 25일 국회의원회관 제3간담회의실에서 출범식을 갖고 공식적으로 활동을 개시했습니다.

4050특별위원회 정책자문단(이하 '자문단')은 윤준영 한세대학교 교수를 단장으로 추대하면서 정책현안 공유 및 정책 발굴, 대안 제시 등의 역할을 맡기로 했습니다. 자문단에는 윤준영 단장을 비롯해 총 23명이 자문위원으로 임명됐습니다.

조정식 더불어민주당 정책위의장은 축사를 통해 "여러분의 소중한 정책자문 활동을 잘 귀담아 듣고 활용할 것이며 또 그에 따른 지원을 아끼지 않겠다"고 약속했습니다.

임종성 더불어민주당4050특별위원회 위원장은 "세대 간 갈등과 단절을 막고 청년과 노년을 잇는 가교로서 역할을 하고자 하는 '더불어민주당 4050특별위원회'의 활동은 현 시점에서 매우 중요하다"면서 "오늘 정책자문단의 출범은 이와 같은 특위의 역할이 더 힘을 받게 될 것이다. 함께 해주신 교수님, 연구자 여러분께 감사의 인사를 드린다"고 말했습니다

전북지역단 발대식

2019. 6. 27.

더불어민주당 4050 특별위원회 전북지역단이 전북여성교육문화센터에서 발대식을 열고 본격적인 활동에 돌입했습니다. 4050특별위원회는 더불어민주당 중앙당의 산하 기구로서 대한민국 40~50대 현안을 대변하고 조직 강화를 통한 총선 승리와 청년층과 노년층의 가교 역할로 더불어민주당의 당원 규합을 위한 목적으로 신설되었습니다.

발대식에는 중앙당 4050특별위원회 임종성 위원장을 비롯해 회원 300여 명이 참석한 가운데 한수용 더불어민주당 전북도당 노인복지정책 특별위원장이 4050특별위원회 전북지역 단장으로 임명되었습니다. 이 밖에도 4050전북지역단 집행부와 분과위원장, 지회장, 부단장 등에 대한 임명장 수여도 병행되었습니다. 더불어민주당 이해찬 당대표는 축전을 통해 "전북지역단은 새로운 시대를 열어 나가는 새로운 정치와 새로운 정책의 중심이 되길 바란다"고 전했습니다.

경기지역단 발대식

2019. 7. 9.

더불어민주당 경기도당에서 '더불어민주당 4050특별위원회 경기지역단' 발대식이 열렸습니다.

임종성(4050특위 위원장) 의원은 우리 사회 중추인 4050세대가 주축이 되어 각종 사회 현안들을 발굴하고 해결하면서, 청년과 노년층을 아우르고 가교 역할을 수행하며 '100년 정당'의 주춧돌이 되겠다는 각오로 오늘 경기 지역단 발대식을 하게 되었습니다. 특히 "우리 특위가 당초 출범 취지대로 각종 사회 현안들을 발굴과 해결을 통해서 전 세대를 아우르는 사회의 중추 역할을 성실히 수행할 수 있도록 여러분과 함께 힘을 합쳐 최

선의 노력을 경주하자"고 했습니다.

이해찬 당 대표께서는 축사를 통해 "오늘 출범하는 4050특별위원회 경기지역단은 새로운 시대를 열어 나가는 새로운 정치와 새로운 정책의 중심이 될 것입니다. 국민의 삶 속으로 들어가 민생 중심의 변화부터 한반도의 번영에 이르기까지 조금씩 단단하게 만들어 나가자"고 했습니다.

오늘 경기지역단장으로 추대된 장장원 단장은, "경기지역단이 4050특위에서 중추적 역할로 21대 총선 압승과 정권 재창출에 선봉이 되겠다"고 포부를 밝혔다.

해외 연수

2019. 7. 17.

국내 최고의 도시개발과 관광개발 전문가(최원철 교수)를 모시고 3박 5일 동안 싱가포르 행정도시(푸트라자야)와 관광단지, 말레이시아 대단위 관광단지를 견학했다. 이들 국가들의 관광정책은 랜드마크형 개발이 주류를 이루고 있으며 한국의 관광 경쟁국들은 빠른 속도로 관광 자원을 개발하고 있다. 이를 통해서 중국 및 한국인들을 끊임없이 불러들여 관광 수입을 올리고 있다.

이들 국가들을 통해서 우리는 과연 어떻게 관광개발을 해야 할지 교훈을 얻었다. 우선 관광개발의 족쇄인 규제를 철폐해야 한다. 우리도 랜드마크형 관광개발단지를 만들어서 해외 관광객을 유치해야 한다.

최근 정부와 지자체가 지역관광 활성화가 지방균형발전으로 이어진다는 전향적인 생각을 가지고 있지만, 해외 관광객 유입을 막는 규제를 풀지 않고서는 성과를 낼 수가 없다. 관광객 유입은 지역경제 활성화와 일자리 창출로 이어진다.

정부는 수출정책에 모든 정책수단을 동원하여 지원하면서도 관광개발 정책은 온갖 규제로 묶어 두고 있다. 관광을 수출상품으로 생각하지 않고 오직 국민적 상춘객 나들이로 생각하고 있다. 향후 국가 경쟁력의 척도는 관광이다.

창업자문단 발대식

2019. 8. 9.

이주양 창업자문단 단장은 앞으로 우리 사회 4050세대들이 가진 창업 경험을 공유하여, 앞으로 창업 및 일자리 정책에 대한 활발한 대안을 제시했다.

최근 일본의 경제 침략행위가 가시화되면서, 우리 사회의 통합과 중 · 소기업 육성을 통한 기술독립, 그리고 이를 통한 국내 경제 활성화가 무엇보다 중요해지고 있다.

창업지원을 통한 일자리 마련, 나아가 대한민국 기술 독립과 경제 활성화에도 큰 도움이 될 수 있도록 앞으로 특위 위원장으로서 최선을 다해 지원할 것이다.

전국조직단 발대식

2019. 8. 9.

우리 사회 4050세대 중·장년층들의 정치 참여를 확대하고, 전국의 새로운 인재를 발굴·육성하기 위해 출범했다. 촛불혁명을 통해서 국민들의 요구하는 소통과 공정성을 몸소 실천하겠다는 다짐도 하였다. 이들은 전국적인 조직을 확장하여 주민이 참여하는 민생정치가 살아 움직일 수 있도록 지역의 훌륭한 인재를 발굴하여 정치에 참여토록 하겠다는 계획도 전했다.

장진섭 단장은 4050세대를 대변하고 세대 간의 가교 역할을 수행하여 총선 승리와 정권 재창출에 앞장설 수 있도록 전국적인 네트워크를 확장해 나가겠다고 밝혔다.

직능지원단 발대식

2019. 8. 26.

직능지원단은 일본제품 불매운동 기간에 중소기업인과 소상공인들로 주축이 되어서 출범식을 가졌다. 직능지원단은 상호 인적 교류를 통해서 정보를 공유하고 애로사항을 청취하여 현장의 소리를 정책으로 반영할 수 있도록 정책 컨퍼런스도 개최하겠다고 다짐했다.

김주형 단장은 우리 사회 4050세대는 물론, 청년과 노인 모두의 일자리 질 향상과 경제 구조 개선을 위해서는 경제 활성화가 우선이라고 말했다. 그리고 무거운 책임감을 갖고 다양한 정책 토론과 대안 마련에 최선을 다하겠다고 밝혔다.

더불어민주당 창당 64주년 기념식

해공 신익희 선생 생가

2019. 9. 18.

임종성 의원과 4050특별위원회는 광주 초월읍 서하리에 위치한 해공 신익희 선생의 생가에서 창당 64주년 기념행사를 개최했다.

해공 선생은 대한민국 임시정부의 국무원비서장, 외무총장대리, 문교부장, 제헌국회 의장 및 제2대 국회의장 등을 역임한 바 있으며, 이승만 정권의 독재에 맞서 민주당을 창당하는 등 대한민국의 독립과 민주주의 발전을 위해 헌신했다.

임종성 의원은 "민주당의 뿌리이신 해공 선생 생가에서 올해도 창당기념식을 하게 돼

기쁘다"면서 "해공 선생의 창당 정신을 이어받아 앞으로도 더불어민주당이 국민과 함

께하는 국민정당 100년 정당이 될 수 있도록 최선을 다하겠다"고 강조했다.

홍보기획자문단 발대식

2019. 11. 22.

4050특위 설립 취지에 맞게 4050세대를 대변하고 청년층과 노년층을 잇는 가교 역할을 충실하게 추진하기 위하여 홍보기획자문단을 발족하게 되었다. 발대식에 참석한 위원들은 각자의 영역에서 전문성을 발휘하시는 분들이다. 홍보기획자문단의 역할은

4050 주관 행사를 기획하고 진행하고 홍보한다,

송시현 홍보기획단 총괄 단장(단장: 송시현, 이진화, 유혜원, 송기훈, 부단장: 김유태, 김선아, 임혜란)은 대한민국 4050세대를 대변하는 대표성을 넘어서 각 세대 간의 생각을 함께 공유하고 소통하고자 출범한 홍보기획자문단인 만큼 무거운 마음으로 4050특위를 위해 최선을 다하겠다고 밝혔다.

해외청년자문단 상견례

2020. 1. 5.

2020년 1월, 경자년 새해부터 김경석 해외청년자문단장, 인도네시아 오선희, 김정호 해외청년자문위원, 박정균 4050특별위원회 수석부위원장은 4050특별위원회 방향에 대해 많은 논의를 했습니다.

4050특별위원회의 역할로 ▲청년층과 노년층을 잇는 가교 역할 ▲더불어민주당 확장을 위한 디딤돌 역할 ▲ 세대간 현안 공유 및 정책 발굴과 대안 제시 ▲중장년층의 정치 참여 확대로 민주주의 강화 ▲총선 승리와 정권 재창출을 위한 선봉자 역할 ▲광역별 청년 정치인 발굴과 육성으로 더불어민주당 조직 확대 등에 관해서 설명을 들었다.

대한민국과 해외동포의 현재, 그리고 비전있는 미래에 대해 의견을 공감했습니다. 열정적으로 토론을 펼쳐 주시고 미래세대를 생각하는 오선희 위원님의 활약을 기대합니다. 해외청년자문단의 브레인이 되실 김정호 위원님과 비가 많이 오는 날에 대한민국과 해외동포의 미래를 위한 중요하고 의미있는 메시지를 전달해 주었던 미팅이었습니다.

남북 관계에서, '우리가 주도하는 한반도의 항구적 평화체제 구축과 평화를 기반한 번영의 출발선을 위하여 새로운 100년 시대 한반도 평화는, 국민과 함께, 남북이 함께, 대립과 갈등을 끝내고 평화협력공동체를 만들어 나가는 것이 "신한반도체제" 구상이다' 이것을 지지하는 것도 4050특별위원회의 역할이다.

오선희, 김경석, 박정균 | 박정균, 김경석, 김정호

해외 국민에 대한 인권보호와 더불어서 지대한 관심을 가져 주기를 바란다는 의견을 피력했다. 그리고 더불어민주당4050특별위원회의 설립 목적에 맞게 해외청년자문단에서도 역할을 다 하겠다는 포부를 밝혔다.

2020년 4월 전 세계가 코로나19의 팬데믹 상황에서 4050해외청년자문위원으로써 대한민국 국민의 권리행사를 하며 가장 먼저 투표 인증샷을 보내주신 중국 베이징 하보이 해외청년자문단 부단장, 한희영 핀란드 해외청년 자문위원, 해외 한인들의 투표를 권유하고 더불어민주당의 총선 앞승을 기도해 주었습니다.

하보이(주중국대사관 재외투표소) | 한희영(주핀란드대사관 재외투표소)

청소년지원단 신년회

2020. 1. 9.

더불어민주당4050특별위원회 청소년지원단(단장:최용주)은 2020년 1월 9일 신년회를 개최했습니다.

청소년은 소년과 청년의 중간지대에 있는 12세부터 18세를 말한다. 청소년들은 시춘기에 접어드는 시기로 성장 속도가 빠르고 호르몬 변화가 찾아 오고 변성기가 온다. 이때 심리적으로 불안한 심리 상태를 제어하지 못한 경우가 자주 발생한다 하여 '중2병', '고2병'이라는 신조어도 생겼다. 이들은 자신의 권리를 주장하기 시작하는 의식도 발달한다.

청소년기에는 결과에 대한 쳌임의식이 부족하여 부모님에게 의존하는 경향이 매우 강하다. 친구가 인생에서 제일 중요한 시기라고 생각한다. 그리고 모방을 잘한다는 특징도 있다.

이런 우려를 뒤로하고, 최용주 단장은 우리 삶이 아낌없이 주는 나무와 같다며 4050세대가 나무의 기둥이라면, 그 나무가 튼튼하기 위해선 성장과정이 튼튼해야 한다면서, 자라나는 청소년 세대에 지원을 아끼지 않을 것이라고 밝혔다.

2020년 신년회

2020. 1. 10

4050특별위원회는 2020년 새해를 맞이하여 전국에서 대표자들이 참여한 가운데 신년

회를 개최했다. 임종성 위원장(국회의원)은 축사를 통해서, "새해를 맞이 하여 4050특위

여러분의 가정과 여러분의 앞날에 큰 행운이 깃들기를 기원합니다.

오늘 이 자리는 우리가 추구하고자는 총선 압승과 정권 재창출을 이루는 데 앞장 서자

는 의미가 크다고 봅니다. 우리 사회의 중추인 4050세대가 주축이 되어 각종 사회 현안

들을 발굴하고 해결하면서, 청층과 노년층을 아우르는 가교 역할을 수행하면서, '100년

정당'의 주춧돌이 되겠다는 각오로 실천할 수 있도록 여러분과 함께 힘을 합쳐 최선의

노력을 경주합시다."라고 말했다. 아울러서 각 지역에서 민주당 후보가 압승할 수 있도

록 열정을 보태줄 것을 당부했다.

박정균 수석부위원장은, 4050특별위원회의 출범부터 현재까지의 활동 상황과 특위에서 상설로 가야 하는 이유에 대해서도 설명했다. 특히 6월에 4050특별위원회 백서 출판기념회를 실시한다고 공지를 함과 동시에 추가적으로 4050특별위원회 연간 운영 방안을 발표했다.

사회는 맡은 경지지역단 장장원 단장은, "우리의 꿈이 현실로 이루어질 수 있는 것은 함께 참여하는 것"이라고 했다. 더불어서 "경기도당 청년위원장의 경험을 살려서 청년층과 유기적인 협조와 소통이 이루어질 수 있도록 최선의 노력을 하겠다"고 밝혔다.

2020 신년회에 참석한 해외청년자문단 김경석 단장은, "더불어민주당4050특별위원회 위원으로 활동할 수 있게 기회를 주신 임종성 위원장님께 감사를 드립니다. 해외청년자문단 역시 설립 목적에 맞게 각 세대를 잇는 가교 역할을 하겠다"는 의지 표명을 밝혔다.

신년회에 참석한 자문단 단장들도 인사를 통해서, 전국적인 조직 확장을 통한 명실상부한 전국4050위원회로 승격할 수 있도록 현장에서 성과를 내겠다고 다짐을 하였다.

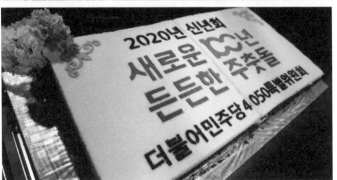

4. 우수 지역단 사례

• 경기지역단

장장원
경기지역단 단장

1. 역할

4050특별위원회 설립 취지에 따라 ▲청년층과 노년층을 잇는 가교 역할 ▲더불어민주당 확장을 위한 디딤돌 역할 ▲ 세대간 현안 공유 및 정책 발굴과 대안 제시 ▲중장년층의 정치 참여 확대로 민주주의 강화 ▲총선 승리와 정권재창출을 위한 선봉자 역할 ▲광역별 청년 정치인 발굴과 육성을 하는 앞장 선다.

1) 조직 구성

17개 시도 중 가장 많은 인구와 넓은 면적을 가진 경기지역단은 효과적인 조직 관리를 위해 5개의 권역별 부단장과 30개 시군에 지회를 두고 조직을 관리하고 있으며, 정책, 자문, 운영을 위해 자문위원, 정책위원, 운영위원을 두고 있다.

2) 경기지역단 권역별 구성

- 남부권지회 ▶ 안성, 오산, 평택, 수원, 화성, 용인

- 동부권지회 ▶ 이천, 여주, 양평, 광주, 성남, 하남, 남양주, 구리

- 중부권지회 ▶ 안양, 군포, 의왕, 과천, 광명

- 서부권역지회 ▶ 고양, 김포, 부천, 안산, 시흥

- 북부권역지회 ▶ 포천, 가평, 동두천, 연천, 양주, 의정부

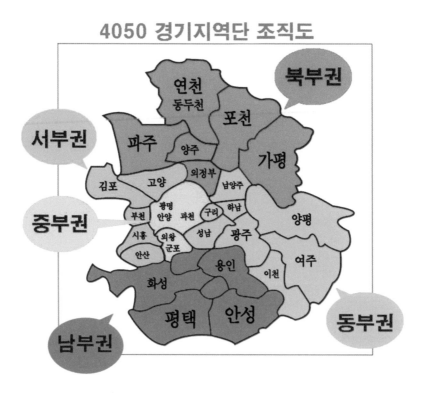

4050 경기지역단 조직도

2. 주요사업

경기지역단은 다양한 형태의 모임과 행사를 통해 친목을 도모하고 더불어민주당의 가치를 공유하고 조직 확장과 당의 이미지 가치 상승에 기여하고 총선 승리와 정권 재창출에 디딤돌 역할을 하고자 합니다.

1) 5개 권역별 모임

2) 임원 및 지회장 상견례 개최

- 4050특별위원회 경기지역단 발족을 앞두고 특위의 목적과 향후 비전 공유

3) 발대식 개최

- "새로운 100년, 든든한 주춧돌"의 슬로건을 바탕으로 개최

- 2020년 총선 승리와 2022년 정권 재창출 결의를 다짐

경기지역단 30개 시군 지회장단

4) 발대식 주요 사진

임종성 위원장 축사

각 위원회 대표 임명장 수여

중앙 부위원장단

경기지역 모범지회(고양지회)

5) 임종성 위원장 출판기념회 자원봉사 참여(2019. 10. 28.)

- 4050특위 임종성 위원장 출판기념회 행사 지원 활동

6) 경기지역단 송년회 개최(2019. 11. 26.)

- 전체 임원 및 지회장이 한자리에 모여 한 해를 결산하고 2020년 총선 승리를 다짐하고

  4050추진사업 설명회 및 모범지회 조직관리 사례 발표

7) 경기지역 총선 지원(2020. 4.)

- 경기지역단 4·15 총선 지원 활동

8) 4050특위 위원장 임종성 국회의원 당선 축하연(2020. 5. 1)

• 전북 지역단

한수용
전북지역단 단장

전북 지역단은 한국 사회 각 분야의 현장에서 중추적인 역할을 담당하고 있는 40대와 50대가 민주당의 기둥 역할을 하고 사회구성원 간 세대 통합을 이끌어 낼 수 있는 각종 활동을 추진하여 청년층과 노년층을 잇는 가교 역할을 통해 세대간 현안 공유, 정책 개발, 대안 제시를 통해 사회의 디딤돌 역할을 할 것입니다. 지역에서 초당적 협력 관계를 이끌어 지역사회 발전을 도모하는 역할을 수행해 나가는 데 최선을 다할 것입니다.

□ 더불어민주당 4050특별위원회 전북지역단 발대식

민주당 4050특별위원회 전북지역단은 2019년 6월 27일 전북여성교육문화센터에서 임종성 위원장과 박정균 수석부위원장, 한수용 단장, 집행부, 13개 지역 지회장, 분과위원장 등 약 300여 명이 참석한 가운데 성황리에 진행됐다.

전국에서 4050특별위원회 발대식 중 가장 먼저 발대식이 치러졌고 4050 전북지역단 집행부와 분과위원장, 지회장, 부단장 등에 대한 임명장 수여도 병행됐다.

4050특별위원회는 더불어민주당 중앙당의 산하기구로서 대한민국 4050세대 현안을 대변하고 조직 강화를 통한 총선 승리와 청년층과 노년층의 가교 역할로 더불어민주당의 당원 규합을 위한 목적으로 신설됐다. 현재 4050전북지역단은 일반회원이 500여 명으로 구성돼 있으며 향후 1만 명의 조직을 구성할 계획이다.

□ 활동 상황

○ 전북지역단 하계워크숍

• 일시 : 2019.08.17. 14시 ~ 08.18. 11시

• 장소 : 진안 마조마을

• 내용 : 전북지역단 진행 상황 및 향후 계획 등 공유

　　　 4050특별위원회 전북지역단 친목 도모

시 간		내 용	비 고
17일 **(토)**	14:00 ~ 14:30	접수 및 인사	
	14:30 ~ 16:00	산촌체험 마을해설사와 마을 알아가기	
	16:00 ~ 18:00	더불어민주당 4050 특별위원회 전북지역단 진행 상황 및 향후 계획 등 공유	
	18:00 ~ 18:30	휴식 및 식사 이동	
	18:30 ~ 21:00	저녁식사 및 자유토론	
	21:00 ~	자유시간 및 취침	
18일 **(일)**	08:00 ~ 09:00	아침식사	
	09:00 ~ 11:00	진안고원 치유숲(에코에듀센터), 홍삼 가공업체 등 관람 및 견학	견학 후 자율 해산

○ 전북지역단 발대식 준비소위

- 일시 : 2019년 5월 11일 오후 5시
- 장소 : 완주 봉동 회의실
- 내용 : 한수용 단장 외 8명이 발대식 행사
  관련 전반적인 준비 상황 점검, 회
  원 영입, 지회, 분과 조직 정비 등

○ 전북지역단 간담회

- 일시 : 2019년 5월 19일 오후 2시
- 장소 : 한국전통문화전당 4층 회의실
- 내용 : 한수용 단장 외 5명이 전반적인 준비
  상황을 점검함

○ 전북지역단 간담회

- 일시 : 2019년 5월 24일 오후 3시 30분

- 장소 : 더불어민주당 전북도당 회의실

- 내용 : 한수용 단장 외 집행부, 분과위원장, 지회장 등 20명이 참석하여 발대식 준비 및

  지역 현안에 대한 의견을 나누고 상호 인사 및 친목을 도모함

○ 전북지역단 간담회

- 일시 : 2019년 12월 20일 17시

- 장소 : 전주시 덕진구 회의실

- 내용 : 한수용 단장, 농산물유통분과위원장 등이 전북지역단 농산물 특구화, 유통 고도

  화를 위한 핵심사업 추진계획을 검토함

• 해외자문단

김경석
해외청년자문단 단장

우리는 애국열사, 대한민국 4050특별위원회 해외청년자문단!

조국을 떠나 해외에서 태극기를 보면 더 빛이 나고, 현지에서 듣는 〈애국가〉와 〈아리랑〉
의 음률은 가슴을 떨리게 하며 눈시울을 붉히게 한다.

해외에서 거주하는 재외동포들의 조국에 대한 소중함과 그리움 그리고 애국심의 마음
을 모았다. 그리하여 전 세계에서 애국열사들이 모여 더불어민주당 4050특별위원회 해
외청년자문단을 탄생시켰다.

해외청년자문단 가입 국가 현황

2020년 5월 기준: 27개국 (가나다 순)

뉴질랜드, 독일, 러시아, 마카오, 미국, 미얀마, 베트남, 브라질, 사우디아라비아, 아랍에
미레이트, 영국, 오스트리아, 이집트, 인도네시아, 일본, 중국, 캄보디아, 캐나다, 키르기
스스탄, 탄자니아, 페루, 폴란드, 프랑스, 핀란드, 필리핀, 헝가리, 호주

4050 특별위원회 해외청년자문단 거주 CITY 분포도

해외청년자문단과 함께...

COMMENTS BY 자문위원

'2020.4.1 베이징에서는 오늘부터 재21대 국회의원 재외국민선거가 시작됩니다. 파이팅하여 좋은 결과를 희망합니다.'

— 재중국한인회 대의원 **이승욱**

'뜻을 함께하게 되어 영광입니다. 열심히 활동하겠습니다. 가슴에 세겨진 우리나라를 위하여…'

— 30대 재프랑스 한인회장 **임남희**

'4050특위가 전 세계의 한인 청년과 한국 정부와 소통의 창구가 되었으면 좋겠습니다.'

— 미국 변호사 **이수연**

'유럽에서 세월호 추모곡 'Missing you' 발매 준비중입니다 세월이 오래 흘러도 잊지 않겠다는 제 맘을 담았습니다.'

— 오스트리아 재즈 보컬리스트 **송혜영**

'참여하고 실천하여 긍정적인 변화를 시작해보도록 하겠습니다.'

- 재핀란드 한글학교 전교장 **한희영**

'평화의 소녀상 일본군 위안부 피해자들을 기리고 올바른 역사 인식 확립을 위하여…'

- 뉴질랜드, 의사, 국회의원 후보 **정레베카**

'다양한 문화와 해외경험을 통한 경력으로 대한민국이 발전할 수 있도록 기여하겠습니다.'

- 일본 디자이너 **박은경**

'대한민국과 세계의 멋지고 특별한 정치를 위해 노력하는 분들과 함께 하게되어 영광입니다'

- 캐나다 민주평통 토론토 협의회 청년분과 위원장 **염성민**

'Excited to support democracy in Korea'

- 미국퀸즈한인회 자문위원 **박성수**

'아프리카에서도 응원하며 열심히 하겠습니다. 4050청년위원단 파이팅!'

- 탄자니아 나이지리아 이도오순킹덤 추장 **김태균**

'앞으로 작은 힘이지만 도움이 되도록 열심히 하겠습니다.'

- 중국 옌타이시인민정부 고문 **이백선**

해외청년자문단 출발 동기 및 향우 활동 방향

해외동포들과 대한민국과의 소통의 창구

한국을 방문해 보지 못한 해외동포 2세일지라도, 국적이 더 이상 대한민국이 아니더라도, 자국가와 한국의 국가대항 축구경기가 있으면 누구나 당연히 "대~한민국"을 외친다. 이렇듯 해외동포들에게는 한 혈통의 심장이 뛰고 있다. 700만 해외동포 시대, 해외 유권자 200만 시대. 현실적인 투표 참가율은 저조하다. 대한민국 정부와 해외 동포들과 소통의 창이 필요하며 그 해답을 더불어민주당 4050특별위원회 해외청년자문단에서 찾는다.

4050해외청년자문단은 40대 50대와 미래세대를 포함한 해외에서 왕성하게 활동하는 청년들로 구성되었다. 2020년 5월 기준 5대륙 27개 국가에서 다양한 전문직업을 가진 Young Professionals(젊은 프로페셔널)들로써 거주국가에서 활발한 사회활동 및 한인 단체 활동을 하고 있다.

해외에서 경험한 다문화와 다양한 정책을 모아 대한민국 발전에 기여를 하며 또한 재외국민의 목소리를 모아서 한국으로 전달하고 소통을 희망한다. 대한민국이 뜻하고자 하는 바를 전세계 해외동포 및 현지인들에게 소통의 채널이 되려 한다.

4050해외청년 단장으로는 김경석, 20년간 호주에서 거주한 30대의 미래세대를 임명하여, '미래세대 · 청년층 · 장년층 · 해외(在外)동포 가교 역할'이란 4050특별위원회의 목표를 실천을 유도하였다. 김경석 단장은 2000년 아버지의 '아메리칸 드림'에 따라 가족과 함께 호주로 이민을 간 후 30대에 호주 현지 직장에 사직을 하고 대한민국 최전방 부대에 자원 입대하며 화제가 되었다.

특히 지난 2015년 북한의 비무장지대(DMZ) 지뢰 및 포격 도발 때 전우들과 일촉즉발의 상황에서 매일 밤 소총을 끌어안고 자야 하는 상황에 '정말 혹독한 훈련을 받았기에 당당하게 나라를 지킬 수 있다. 군대 생활에서 마음의 평화를 얻는다'는 내용이 언론에 조명을 받으며 대한민국의 국방의 자신감과 애국심을 보여 주었다. 대한민국과 해외한 인단체들의 전 세계 한인 청년을 대상으로 하는 많은 네트워크 교류에 적극 참여하여 글로벌 한인 청년 소통에 중심적인 활동을 하고 있다.

더불어민주당과 전 세계가 함께 하는 양방향 가교 역활

4050특별위원회 해외청년자문단 자문위원들은 거주국에서 왕성하게 활동하는 전문 인들로써 전 세계에 네트워크를 구성하여 현지 한인사회와 주류사회의 중심적인 활동을 하고 있다. 이는 더불어민주당이 전 세계와 소통이 가능하게 영향력 있는 역할을 할 것이다. 대한민국 정부와 재외한인과의 더욱 광범위하고 효율적인 소통의 창을 제공하는 역할을 하며 해외에서의 경험한 다양한 문화와 정책을 모아 대한민국 발전에 기여할 것이다. 해외동포들의 적극적인 권리행사와 이를 통한 국정참여가 실천 가능하도록 역할을 할 것이며, 대한민국의 정책과 뜻이 해외에 잘 전달되고 해외한인들의 의견 및 정책건의가 대한민국으로 전달이 가능한 실제적인 양방향 소통의 중심적인 역할을 한다.

재외국민 역대 투표율 현황

연도	재외국민 유권자	선거등록 인원	투표인원	등록인원 대비 투표율	유권자 대비 투표율
2012년 (19대 총선)	2,233,193명	123,571명	56,330명	45.7%	2.5%
2012년 (18대 대선)	2,233,695명	222,389명	158,196명	71.1%	7.1%
2016년 (20대 총선)	1,978,197명	154,217명	63,777명	41.4%	3.2%
2017년 (19대 대선)	1,978,197명	294,633명	221,981명	75.3%	11.2%
2020년 (21대 총선)	코로나19로 인한 재외 국민 투표권 제한 받음				

4050특별위원회 해외총년자문단 위원

• **고양시지회**

김유태
고양시지회장

▣ 출범, 고양시지회 상견례, 신년회

• 2019.7월 출범

• 4050경기지역단 고양시지회장 김유태

  (현)각 분야의 전문가 70여 명의 권리당원 지회위원 출범

• 고양시지회 상견례

• 조직 구성

  부회장, 사무국장, 총무, 봉사부장, 홍보부장, 고문, 운영위원으로 구축

• 송년회(고양시 갑을병정 지역위원회 임원 참석)

• 신년회(고양시 기관 단체 임원 참석)

▣ 야유회, 산행, 뒤풀이

• 우의를 다지는 야유회

• 북한산국립공원 가을산행

• 뒤풀이를 통한 위원들 간의 소통의 자리

▣ 워크샵, 월례회의

- 11월 워크샵 및 단합대회를 통한 전반적인 고양지회 정책 논의

- 매월 월례회 지역 현안을 논의

▣ 고양갑 · 을 · 병 · 정 4개 지역 후보자 방문

- 고양지회 4개 선거구 후보자(문명순, 한준호, 홍정민, 이용우)

  제21대 총선 후보 캠프 방문

▣ 임종성 의원실 방문

• 4050특위위원장 임종성 의원실, 출판기념회 방문

5. 업무 협조 자료

업 무 협 조		
번호: 2020-01	더불어민주당4050특별위원회	
일자: 2020.2.3	수석부위원장	박정균(010-3939-6634)

수신 : 더불어민주당 충북도당 조직국장

참고 : 더불어민주당4050특별위원회 전국조직단 충북단장 이춘기

제목 : 조직강화를 통한 총선 승리를 위한 업무협조 요청 件

1. 충북도당의 총선 압승을 기원합니다.

2. 4050특별위원회 소속 이춘기(전국조직단 충북단장) 단장의 요청 건에 대해여 협조를 부탁
드립니다.

　- 상기인은 충북도에서 조직을 확장하여 문재인 대통령의 국정운영의 안정성을 도모하고 총선
　　압승과 정권 재창출를 위한 4050세대의 지지세력 영역을 확장하고자 하오니 편의를 제공하
　　여 주시기 바랍니다.

3. 단. 특정인 경선지원을 위한 조직확장 건으로 활용시에는 충북도당에 업무협조를 철회합니다.

감사합니다.

첨부서류

1. 4050특별위원회 가입신청서 1부

2020.2.3.

더불어민주당4050특별위원회 수석부위원장

박정균 [직인생략]

더불어민주당 4050특별위원회 가입신청서

희망 분과	1. 부위원장( ) 해외자문단 ( ) 2. 지역단( ) 지회장( ) 위원( ) 3. 지원단( ) 4. 기타( )			(사 진)
성명	한글)	성 별		
	한자)	연 령		
주민등록번호				
주소				
직업				
해당 여부	대의원( ) 권리당원( ) 당원( )			
전화	(휴대폰)		(사무실)	
E-Mail				

– 상기 본인은 더불어민주당 4050특별위원회 가입을 신청합니다

– 개인정보법에 의해 개인 신상은 보호를 받습니다

2020년   월   일

신청인   (인)

추천인   (인)

더불어민주당 4050특별위원회

6. 21대 총선 지원 내용

1) 홍보지원단은 임종성 위원장과 함께 경기지역 총선 후보자 사무실을 방문하여 지원 활동을 하였다.

정춘숙 후보

홍기원 후보

서영석 후보

오세영 후보

최재관 후보

임오경 후보

강득구 후보

민병덕 후보

이재정 후보

서동욱 후보

김용진 후보

이철휘 후보

최종윤 후보

김현정 후보

2) 홍보지원단은 경기지역 유세 현장을 방문하여 지원 활동을 하였다.

김진표 후보와 함께

전해철 후보와 함께

임종석 전 청와대 비서실장과 함께

소병훈 후보와 함께

윤영찬 후보와 함께

문정복 후보와 함께

김승원 후보와 함께

문명순 후보와 함께

임종성 후보와 함께

한준호 후보와 함께

이용우 후보와 함께

신영대 후보와 함께

임종성 후보와 함께

임종성 후보 선거운동원과 함께

4050 홍보지원단

4050홍보지원단 활동기념

정춘숙 후보 캠프 방문

오세영 후보 캠프 방문

서영석 후보 캠프 방문

임오경 후보 캠프 방문

최재관 후보 캠프 방문

홍기원 후보 캠프 방문

4050특위별위원회 홍보지원단은 더불어민주당의 2020총선 승리를 위해 집중 유세, 거리 유세, 공원 유세, 시장 방문을 병행하고 있는 각 지역 후보와 함께 현장 곳곳을 누비며 더불어민주당 후보가 당선될 수 있도록 지원 활동을 했다.

특히 4050특별위원회 상징 캐릭터는 어린이와 많은 시민들에게 큰 인기와 호응을 받았으며 각 지역 4050조직과 결합하여 조직적인 활동을 병행했다.

08

정책을 담다

1. 저출산 대책

현안

- 취업할 곳 없음
- 비정규직 증가
- 소득격차 심각
- 비정규직 결혼율 낮음

문제점

- 저출산 문제를 고령화 문제와 결부시켜 정책 추진
- 청년층의 노동시장 축소는 저출산으로 연결
- 청년층의 소득 감소는 결혼 기피 현상으로 연결
- 소득불평등 확대가 결혼과 출산 기피
- 보육 문제 · 교육 문제 · 사교육비 등 가계지출 부담
- 저출산 문제를 해결할 수 없는 일회성 출산장려금 정책

방향

- 유치원과 보육원 시설 확대
- 24시간 운영하는 맞춤형 보육시설 확대
- 출산과 육아를 정부가 책임지는 정책
- 외국인 유입 정책 점진적 추진
- 취업 - 주택 - 출산 - 보육 - 교육을 연계한 일체형 지원 정책

중점

- 사고의 전환으로 파격적인 해외 진출기업 유치 정책과 연계하면, 저출산과 일자리 문제를 해결할 수 있다. 해외 진출기업 5%만 국내로 유턴해도 일자리 13만 개가 생긴다. 아주 좋은 양질의 일자리로 청년들이 일할 곳이 생겨서 여러 가지 현안들이 해결된다.

2. 고령화 대책

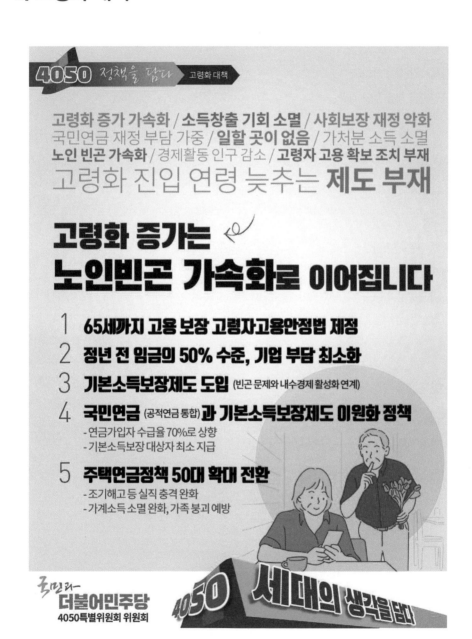

현안

- 고령화 증가 가속화
- 소득 창출 기회 소멸
- 사회보장 재정 악화
- 국민연금 재정 부담 가중

문제점

- 일할 곳이 없음
- 가처분 소득 소멸
- 노인 빈곤 가속화
- 경제활동 인구 감소
- 고령자 고용 확보 조치 부재
- 고령화 진입 연령 늦추는 제도 부재

방향

- 65세까지 고용 보장 고령자고용안정법 제정
- 정년 전 임금의 50% 수준, 기업 부담 최소화
- 기본소득보장제도 도입(빈곤 문제와 내수경제 활성화 연계)
- 국민연금(공적연금 통합)과 기본소득보장제도 이원화 정책
  - 연금가입자 수급율 70%로 상향
  - 기본소득보장 대상자 최소 지급
- 주택연금정책 50대 확대 전환
  - 조기해고 등 실직 충격 완화
  - 가계소득 소멸 완화, 가족 붕괴 예방

3. 부동산 대책

거주가 아닌 불로소득 투기장으로 변질 | 부동산(주택, 전세) 가격 상승
과도한 규제가 부동산 폭등 유발 | 서민을 울리는 도시정비사업
거주(정주)형 공공임대주택 절대 부족 | 부동산 정책을 **민간기업 밀어주기**로 변질
부동산 정책을 중앙정부·지방정부 세수 확보로 변질

수도권 중심
과밀 도시화가 원인입니다!

대기업 중심 경제 성장 그늘
주택 가격 상승
나홀로 가구수 증가
수도권 중심 과밀 도시화
가게 부채 증가
부동산 대출 증가

정부 독점 규제 완화
층수제한, 용적율제한, 인허가 등

민간 영역은 세금 부과, 공공 영역은 세제 제공 정책

도정법 피해 방지
국민총리 산하 또는 광역단체장 산하 상시
관리감독 TF팀 운영

주택도시기금 민간업자 사용 금지 제정
임대사업자 재벌기업 탄생

지방정부 중심 공공주택 공급 전담제 제정

국민연금을 활용한 공공주택투자법 제정

국민과
더불어민주당
4050특별위원회 위원회

현안

- 나홀로 가구 수 증가
- 주택 가격 상승
- 가계 부채 증가
- 부동산 대출 증가
- 대기업 중심 경제 성장 그늘
- 수도권 중심 과밀 도시화

문제점

- 거주가 아닌 블로소득 투기장으로 변질
- 부동산(주택, 전세) 가격 상승
- 과도한 규제가 부동산 폭등 유발
- 서민을 울리는 도시정비사업
- 거주(정주)형 공공임대주택 절대 부족
- 부동산 정책을 민간기업 밀어주기로 변질
- 부동산 정책을 중앙정부·지방정부 세수 확보로 변질

방향

- 정부 독점 규제 완화
  - 층수 제한, 용적율 제한, 인허가 등
- 민간 영역은 세금 부과, 공공 영역은 세제 제공 정책
- 도정법(재개발, 재건축, 지역조합주택, 가로정비사업 등) 피해 방지
  - 국민총리 산하 또는 광역단체장 산하 상시 관리감독 TF팀 운영
- 주택도시기금 민간업자 사용 금지 제정
  - 임대사업자 재벌기업 탄생
- 지방정부 중심 공공주택 공급 전담제 제정
- 국민연금을 활용한 공공주택투자법 제정

4. 교육 대책

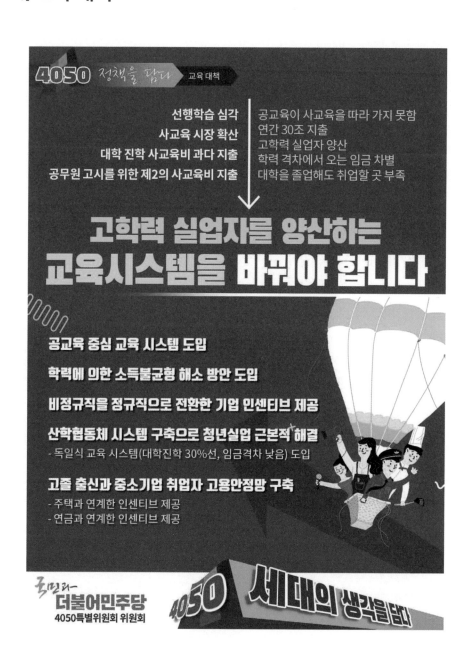

현안

- 선행학습 심각
- 사교육 시장 확산
- 대학 진학 사교육비 과다 지출
- 공무원 고시를 위한 제2의 사교육비 지출

문제점

- 공교육이 사교육을 따라 가지 못함
- 연간 30조 지출
- 고학력 실업자 양산
- 하려 겨차에서 오는 임금 치별
- 대학을 졸업해도 취업할 곳 부족

방향

- 공교육 중심 교육 시스템 도입
- 학력에 의한 소득불균형 해소 방안 도입
- 비정규직을 정규직으로 전환한 기업 인센티브 제공
- 산학협동체 시스템 구축으로 청년실업 근본적 해결
    - 독일식 교육 시스템(대학진학 30%선, 임금격차 낮음) 도입
- 고졸 출신과 중소기업 취업자 고용안정망 구축
    - 주택과 연계한 인센티브 제공
    - 연금과 연계한 인센티브 제공

5. 국민건강보험 대책

부정수급 증가 / 가계 부담 가중
건강보험 적자 가중 / 외국인 부정 수급 증가
외국인 무자격 직장 가입자 증가
국민건강보험증 도용하는 외국인 증가
국민건강보험 재정 손실 가중

국민건강보험 재정 누수
국민건강보험료 인상 불가피
의료기관(요양병원,의원,사무장병원) 부정 수급 증가
실손보험 등장으로 과잉 진료 심각
(국민건강보험 고갈 원인)
진료 목적으로 입국 후
국민건강보험 가입하는 외국인 증가

건강보험료 재정을 갉아 먹는
부정수급을 막아야 합니다

건강보험 무임승차 방지법 도입

외국인 먹튀 건강보험 자격기준 방지법 강화

국세청 주관 페이퍼 사업장 조사 강화

가정 붕괴를 유발하는 고령자 간병인비 국민건강보험 지원

주민등록증과 연계한 지문인식(IC카드) 국민건강보험증 도입

국민과 더불어민주당
4050특별위원회 위원회

4050 세대의 생각을 담다

현안

- 부정 수급 증가
- 가계 부담 가중
- 건강보험 적자 가중
- 외국인 부정 수급 증가
- 외국인 무자격 직장가입자 증가
- 국민건강보험증 도용하는 외국인 증가
- 국민건강보험 재정 손실 가중

문제점

- 국민건깅보험 재정 누수
- 국민건강보험료 인상 불가피
- 의료기관(요양병원, 의원, 사무장병원) 부정 수급 증가
- 실손보험 등장으로 과잉 진료 심각(국민건강보험 고갈 원인)
- 진료 목적으로 입국 후 국민건강보험 가입하는 외국인 증가

방향

- 건강보험 무임승차 방지법 도입
- 외국인 먹튀 건강보험 자격기준 방지법 강화
- 국세청 주관 페이퍼 사업장 조사 강화
- 가정 붕괴를 유발하는 고령자 간병인비 국민건강보험 지원
- 주민등록증과 연계한 지문인식(IC카드) 국민건강보험증 도입

6. 임금격차 해소 대책

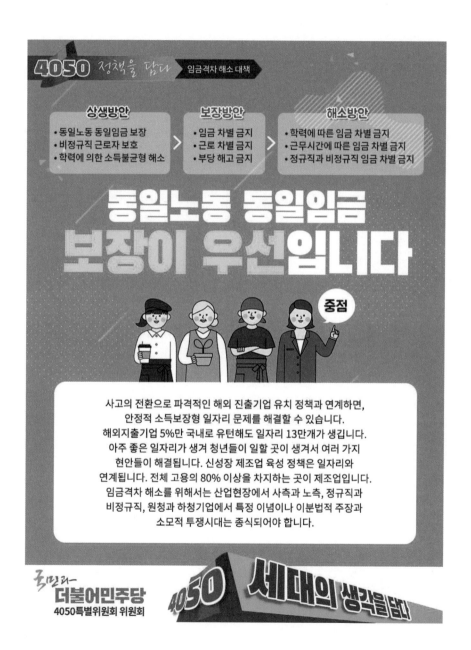

상생 방안

- 동일노동 동일임금 보장
- 비정규직 근로자 보호
- 학력에 의한 소득불균형 해소

보장 방안

- 임금 차별 금지
- 근로 차별 금지
- 부당 해고 금지

해소 방안

- 학력에 따른 임금 차별 금지
- 근무시간에 따른 임금 차별 금지
- 정규직과 비정규직 임금 차별 금지

중점

- 사고의 전환으로 파격적인 해외 진출기업 유치 정책과 연계하면, 안정적 소득 보장형 일자리 문제를 해결할 수 있다. 해외지출기업 5%만 국내로 유턴해도 일자리 13만 개가 생긴다. 아주 좋은 일자리가 생겨 청년들이 일할 곳이 생겨서 여러 가지 현안들이 해결된다. 신성장 제조업 육성 정책은 일자리와 연계된다. 전체 고용의 80% 이상을 차지하는 곳이 제조업이다.

  임금격차 해소를 위해서는 산업현장에서 사측과 노측, 정규직과 비정규직, 원청과 하청기업 에서 특정 이념이나 이분법적 주장과 소모적 투쟁 시대는 종식되어야 한다.

7. 유통구조 개선 대책

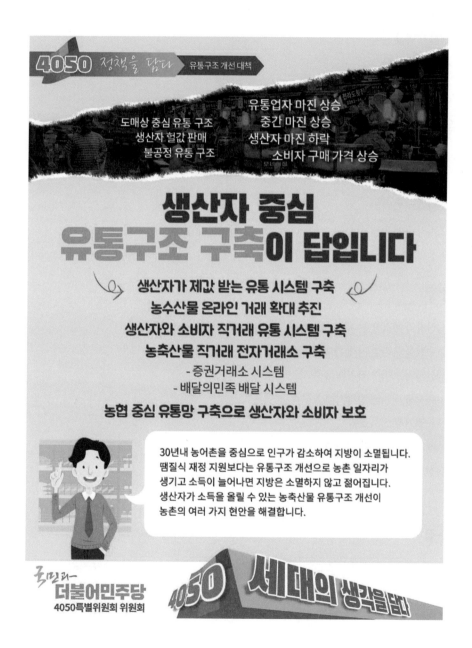

현안

- 도매상 중심 유통 구조
- 생산자 헐값 판매
- 불공정 유통 구조

문제점

- 유통업자 마진 상승
- 중간 마진 상승
- 생산자 마진 하락
- 소비자 구매 가격 상승

방향

- 생산자가 제값 받는 유통 시스템 구축
- 농수산물 온라인 거래 확대 추진
- 생산자와 소비자 직거래 유통 시스템 구축
- 농축산물 직거래 전자거래소 구축
    - 증권거래소 시스템
    - 배달의민족 배달 시스템
- 농협 중심 유통망 구축으로 생산자와 소비자 보호

중점

- 30년 내 농어촌을 중심으로 인구가 감소하여 지방이 소멸된다. 땜질식 재정 지원보다는 유통 구조 개선으로 농촌 일자리가 생기고 소득이 늘어나면 지방은 소멸하지 않고 젊어진다. 생산자가 소득을 올릴 수 있는 농축산물 유통구조 개선이 농촌의 여러 가지 현안을 해결한다.

8. 해외 진출기업 유치 대책

현안

- 낮은 임금 찾아 해외 진출
- 중국의 임금 상승으로 동남아로 재진출
- 국내 유턴보다 개성공단 진출 희망
- 해외 진출기업은 현지화 정책 일환

문제점

- 국내 양질의 제조업 붕괴
- 부지 구입비, 인건비, 생산비 상승 발생
- 노동조합 지나친 경영 간섭
- 인허가권으로 기업 길들이기
- 사업하기 어려운 규제 산적
- 양질의 일자리 창출 외부 유출
- 노동시장 유연성 부족

방향

- 제2의 제조업 부흥시대 정책
- 유턴법 재개정 발의
    - 광주형 일자리 모델 특구 지정
    - 유턴기업 법인세 10년 폐지
    - 이전 부지 무상 제공
- 규제 철폐(기업하기 좋은 나라)법 발의
- 일자리 창출-소득 증가-내수 활력-경제활성화-세수 확보-복지 확대
- 고용지원 특별법 발의(취업-결혼-출산-육아-교육=저출산 정책과 연계)

비교

한국과 미국 5년간 비교(2014~2018년)

구분	유턴기업 수	유턴기업 일자리 창출 수
한국	52개	975개
미국	2,411개	262,574개

9. 규제 철폐 대책

현안

- 정부의 각종 규제 산적(山積)
- 각종 규제로 사업하기 어려움

문제점

- 규제가 혁신의 걸림돌
- 규제와 인허가권을 담당자 권한으로 착각
- 각종 규제와 인허가 절차가 까다로움
- 인허가권으로 기업 길들이기
- 사업하기 어려운 규제 산적

방향

- 제2의 제조업 부흥시대
- 수도권 규제 완전 철폐
- 규제 철폐 확대
  - 성장률 2% 상승 효과
  - 일자리, 취업, 결혼, 출산 연계
- 광주형 일자리 모델 특구 지정

중점

- 사고의 전환으로 파격적인 해외 진출기업 유치 정책과 연계하면, 안정적 소득 보장형 일자리 문제를 해결할 수 있다. 해외지출기업 5%만 국내로 유턴해도 일자리 13만 개가 생긴다고 한다. 아주 좋은 청년들이 일자리가 생겨서 여러 가지 현안들이 해결된다. 규제 철폐는 일자리 창출로 이어져 비정규직을 정규직으로 전환시킬 수 있는 기회다.

10. 국난극복 일자리 대책

공공부문 일자리

- 고위공직자 축소, 급여 삭감을 통해서
- 선거제도 개편을 통해서
- 초과근무 수당을 통해서
- 부사관 확대를 통해서
- 국방력 강화를 통해서
- 공기업(공공기관)을 통해서
- 예산 10% 절감을 통해서

민간부문 일자리

- 규제 철폐 정책을 통한 일자리
- 해외진출 유턴기업 지원 확대를 통한 일자리
- 국방력 강화를 통한 조선업 일자리
- 대기업 사내유보금을 통한 일자리
- 먹거리산업 육성을 통한 일자리
- 관광산업 육성을 통한 일자리
- 중소기업 지원을 통한 일자리
- 제조업 육성을 통한 일자리
- 소상공인 육성을 통한 일자리
- 신약, 바이오산업을 통한 일자리
- 기타 일자리

11. 웹쇼핑 기반 조성 대책

이찬희 해외청년자문단 미국 뉴욕

해외에 사는 국외거주자 및 외국인의 자유로운 한국 사이트 이용 및 웹쇼핑 이용 권리의 정책을 제안합니다.

1. 현재 한국 사이트 이용(예: 병적증명서 발급을 위한 병무청 사이트 이용, Gmarket 쇼핑 사이트 이용)시 간편인증, 인증서 및 아이핀ipin, 본인 인증, 휴대폰 인증 등 을 요 구하고 회원가입 절차 및 이용을 한국 소재 핸드폰 및 공관 이용이 불가능한 사람 들을 원천 배제하고 있다.

2. 병적증명서 발급을 "공인인증서 없이 발급받는다" 라고 홍보 및 기사화되어 있 지만 실제 이용시에 한국 핸드폰 이나 본인 인증이 가능한 수단이 없으면 발급 받지 못한다.

3. 국외 거주자를 제외하고라도, 국내 거주자의 핸드폰 사용이 의무가 아님에도 불 구하고 핸드폰이 없는 사람들의 보편적 정보 이용 및 권리를 핸드폰 본인 인증 등 의 이유로 봉쇄, 침해하고 있다.

4. 아이핀, 본인 인증, 공인인증서 등 많은 본인 인증 확인을 거친다 하더라도 명의도 용 등의 범죄가 최근 5년간 매년 늘어나고 있다는 결과가 있는 바 개인 인증의 변

혁 및 개혁이 필요한 시대라고 보여진다.

5. 미국의 경우 웹사이트의 회원 가입이 자유롭고 쇼핑 웹사이트의 구매 등이 외국 인들에게 제한적이지 않아 많은 외국의 구매 및 활동이 이루어지고 있다.

6. 한국의 웹사이트 이용 생태계는 마치 갈라파고스제도처럼 폐쇄된 환경을 갖추고 내수 소비에만 주력되어 한국의 충분한 세계적인 제품의 구매 및 IT 기술이 본인 인증 등의 장벽에 막혀, 또한 외국 발행 신용카드 및 글로벌 페이먼트인 paypal 등의 결제수단에 막혀 빛을 보지 못하고 있다.

한국의 본인 인증, 핸드폰 인증 절차, 아이핀, 공인인증서 등의 여러 장벽을 없애고 국외 거주자 및 재외국민, 더 니아가 외국인도 이용할 수 있는 한국의 웹사이트 기반을 조성 하여 세계적인 한국 제품을 구매하거나 수출하는 데 도움이 되었으면 한다.

4050 이렇게 시작됐다

초판 1쇄 인쇄	2020년 06월 10일
1쇄 발행	2020년 06월 23일

지은이	임종성 · 박정균
발행인	이용길
펴낸곳	모아북스 MOABOOKS

경영 실무	박윤배
관리	양성인
디자인	북컴

출판등록번호	제 10-1857호
등록일자	1999. 11. 15
등록된 곳	경기도 고양시 일산동구 호수로(백석동) 358-25 동문타워 2차 519호
대표 전화	0505-627-9784
팩스	031-902-5236
홈페이지	www.moabooks.com
이메일	moabooks@hanmail.net
ISBN	979-11-5849-133-8 03300

이 도서의 국립중앙도서관 출판예정도서목록(CIP)은 서지정보유통지원시스템 홈페이지 (http://seoji.nl.go.kr)와 국가자료종합목록 구축시스템(http://kolis-net.nl.go.kr)에서 이용하실 수 있습니다. (CIP제어번호 : CIP2020023703)

모아북스 MOABOOKS 는 독자 여러분의 다양한 원고를 기다리고 있습니다.
(보내실 곳 : moabooks@hanmail.net)